GÉRICAULT

CE VOLUME A ÉTÉ ACHEVÉ EN MAI M.CM.XXVI, LA GRAVURE DES PLANCHES PAR LA SOCIÉTÉ DE GRAVURE ET D'IMPRESSION D'ART A CACHAN, LE TEXTE PAR F. PAILLART, A ABBEVILLE (SOMME).

« MAITRES DE L'ART MODERNE »

GÉRICAULT

PAR

RAYMOND RÉGAMEY

40 *planches hors-texte*
en héliogravure

F. RIEDER & Cie, ÉDITEURS
7, Place Saint-Sulpice, 7
PARIS
M.CM.XXVI

GÉRICAULT

On a vu de tout temps des jeunes gens riches, heureusement doués, se livrer à la peinture en amateurs, et mieux qu'en amateurs, excellant à l'égal des artistes de métier, avec je ne sais quoi de plus dégagé dont leur art profite. Mais chez Géricault, ce que libèrent les facilités de l'existence, c'est un démon de peintre qui a, si l'on peut dire, quelque chose de dionysiaque ; c'est, pour employer les termes de Géricault lui-même, « le feu d'un volcan, qui doit absolument se faire jour, parce qu'il est dans son organisation une nécessité absolue de briller, d'éclairer, d'étonner le monde ». Cette mâle fureur est de tous les temps, mais, dans les écoles anciennes, se contient, n'est que liberté de facture, ou fierté de style, ou ce que les Italiens appellent « terribilità » ; chez Géricault elle éclate dans toute son âpre et sauvage franchise. Il semble qu'avec ce jeune homme à qui Gros veut « tirer quelques palettes de sang », apparaisse pour la première fois dans l'histoire de notre art la conception que la grande affaire pour un peintre, c'est moins de cultiver son talent, d'augmenter sa science, ou même de faire preuve de génie, que *d'avoir du tempérament.*

Et pourtant chez ce solitaire et chez cet amateur, chez ce peintre qui parle une langue si personnelle, valable, dirait-on, uniquement pour lui, il y a une ambition qui le dépasse, et qui n'est pas moins nouvelle. Il croit reconstruire sur sa véritable base tout l'édifice de la peinture. Qu'elle est étrange, l'histoire de la peinture depuis David ! On dirait le récit du travail de Pénélope ! Chaque artiste recommence l'ouvrage de son prédécesseur, plutôt qu'il ne le continue. On dirait aussi les aventures de pèlerins à la recherche d'une terre promise, qui à beaucoup semble être un paradis perdu. Métaphore trop facile, mais particulièrement claire pour désigner ces choses un peu vagues dont le XIXe siècle a vécu et dont nous vivons nous-mêmes. Bien souvent ces pélerins, n'ayant trouvé qu'une oasis, croient être arrivés à leur but. David n'est pas de ceux-là. « Je cherche la véritable voie, répète-t-il à Delécluze qui nous le rapporte... J'entrevois la route de loin, mais je n'y suis pas et je n'aurai pas le temps d'y arriver. » Au contraire, Géricault a l'assurance de la certitude : « Je suis au port depuis longtemps et je veux guider dans une route sûre et vraie... » Ainsi il apporte un message, il a retrouvé des secrets qu'il lui faut communiquer, il se croit un guide.

◘

Jean-Louis-André-Théodore Géricault naquit à Rouen, le 21 septembre 1791, dans un milieu aisé de la bonne bourgeoisie normande. Sa mère mourut alors qu'il avait dix ans et laissa le souvenir d'une femme intelligente et belle qui avait groupé dans son salon pendant quelques brèves années entre son mariage et son établissement à Paris, où les affaires appelèrent M. Géricault, l'élite de la société rouennaise.

Cette mère, si tôt perdue, répandit sur lui, pour toute sa vie, son *charme*. Il avait un pouvoir de rayonnement. Il aimait et inspirait l'amour, il « intéressait », il séduisait. A travers les témoignages de ses amis et dans ses lettres, nous percevons un accent de tendresse. C'est une des raisons de son influence sur les artistes plus jeunes qui l'ont approché. On le sentait aimé des dieux. La mort prématurée accrut encore ce prestige.

Le père, en revanche, cet « excellent père » qu'il raille affectueusement dans une lettre de Londres, le « bon vieillard » dont parle Delacroix, était, ce dit-on, un homme assez borné que nous nous représentons volontiers auprès de lui comme les bons gros oncles des comédies de Musset, apeurés devant leurs extravagants de neveux. Peut-être l'influence négative du milieu de Géricault, fermé aux arts, n'est-elle pas négligeable. Le goût de notre peintre ne fut pas prévenu ; son éveil fut tout naturel et spontané ; plus tard l'incompréhension ne put que lui faire goûter le plaisir de l'audace. N'oublions pas de noter la fortune comme un facteur décisif. Du temps même que Théodore faisait ses premières études, M. Géricault doublait une fortune déjà belle, dans la ferme des tabacs, en association avec son beau-frère, M. Caruel de Saint-Martin. Théodore possédait en propre dix mille livres de rente que sa mère lui avait léguées.

Dès son enfance se développèrent les deux passions qui devaient avec l'amour le dominer sa vie durant : la passion du dessin et celle des chevaux. Il était un élève médiocre, mais il courait après les équipages dans le faubourg Saint-Germain qu'il habitait, il galopait comme un fou sur les chevaux les plus ombrageux, à travers la campagne, et, d'une vivacité égale, il copiait avec un sentiment si juste tous les objets qu'il voyait que ses petits amis, par leur émerveillement, lui révélaient sa destinée. Quand vinrent les vacances de 1808, l'admirateur de Rubens et de Franconi quitta définitivement le lycée, résolu à être peintre, et peintre de chevaux. Son père voulait lui faire embrasser une carrière régulière. Son oncle maternel, M. Caruel, mieux éclairé, usa d'un stratagème : il feignit d'initier Théodore aux affaires, lui donnant ainsi un alibi, tandis qu'il le laissait suivre des leçons de Carle Vernet.

Voilà donc, de 1808 à 1810, Géricault chez Carle. A ce moment décisif de la dix-huitième et de la dix-neuvième année, ce n'est pas une circonstance négligeable qu'il s'ouvre à la vie artistique dans le milieu des Vernet. Milieu élégant, spirituel et agité, où le maître est un dandy un peu fol et l'un des plus chers camarades, le turbulent Horace. On est libéral d'esprit, de ce libéralisme qui tient au manque de foi artistique profonde et au manque de sérieux. On partage les préjugés de l'Ecole, mais on les raille. Ces jeunes gens ressemblent à des figurants de théâtre, qui s'amusent dans la coulisse de l'attirail dont ils s'affublent et qui, sur le plateau, n'en joueront pas avec moins de gravité les vainqueurs de Troie, les sénateurs romains ou César-Auguste. L'intéressant, c'est qu'à l'origine de leur formation, au lieu de trouver l'enseignement d'une personnalité exaltante comme David, on croit pouvoir démêler ces sentiments : il y a un grand art, qui consiste à se guinder, il le faut cultiver avec respect, mais on peut en rire.

Plus encore que ces sentiments, contradictoires peut-être, et certainement flottants, on remarque chez eux une attitude qui ne sera pas sans influence sur leur art : leurs manières péremptoires, leur jactance, leur énergie, leur vanité. Une vitalité débordante. Passion pour les beaux uniformes, pour les récits de bataille, pour les exercices violents.

Il paraît que Géricault dit un jour, à propos de son premier maître : « un de mes chevaux mangerait six des siens ». Mais il ne proscrit pas ces petites bêtes, sèches, trop élégantes et maniérées. Il aime le travail facile, enlevé prestement. Il se plaît à fixer par le crayon les mouvements rapides. Tout ce côté extérieur de son talent naissant ne peut qu'être très utilement encouragé par Vernet. Une application plus sévère le contraindra bientôt. Géricault a pour premier guide un homme dont la grande préoccupation est le spectacle changeant de la mode ; il est engagé à exploiter le pittoresque de la vie contemporaine. L'influence de Vernet apparaît comme un stimulant dans les sens divers où Géricault est porté par son caprice.

▣

Mais en 1810, à dix-neuf ans, et le démon se fortifiant en lui, il éprouve le besoin d'une plus solide nourriture. Il entre dans l'atelier d'un des cinq ou six peintres illustres d'alors. Pourquoi chez Pierre Guérin ? Peut-être le choix de Géricault est-il incliné par l'agrément de cet homme affable, intelligent, cultivé, par la largeur de ce bienveillant esprit, enfin par le bon ton relatif de l'atelier, — malgré les seaux d'eau qu'on s'y jette et malgré le tapage qui fera fuir quelques années plus tard le doux Sigalon. « Guérin, si l'on en croit Etex, avait su grouper autour de lui les élèves des meilleures familles, qui se piquaient d'honneur de sortir de ce débraillé, de ce dépenaillé, de ce mauvais ton qu'affectaient de prendre les élèves de l'école des beaux-arts. » L'élégant Géricault s'y lie avec Dedreux-Dorcy, aussi riche que lui, qui devient son compagnon de plaisir.

C'est une curieuse figure, ce Pierre Guérin. Il semble bien être le plus davidien des davidiens. On peut dire, en reprenant les termes de M. Henry Marcel, que c'est en lui que « s'affirma avec le plus de rigidité l'étroitesse du style nouveau ». Et pourtant, non seulement on doit constater qu'une élite d'artistes affranchis s'est formée dans son atelier, mais on est obligé de croire encore qu'en cela il aida fortement le hasard et les influences extérieures. Il était le maître selon le cœur de David. Delécluze explique qu'il fut le « seul de son temps, après David toutefois, qui ait eu le sens de l'enseignement ». Comme David, Guérin, « reconnaissait qu'un maître ne doit pas chercher à transmettre sa manière, mais que son devoir est de cultiver et de développer les qualités saillantes de ses élèves ». Evidemment, dans la pratique, l'étroitesse de la *lettre* contredisait le libéralisme de cet *esprit*. Des élèves de Guérin ne l'ont pas entendu comme Delécluze. Les résultats de cet enseignement n'en sont pas moins là, et l'intention est indéniable, car elle répond aux tendances les plus essentielles du davidisme. Il nous semble que cette conception de l'enseignement était nouvelle : cette idée que le maître doit développer *l'intelligence artistique* elle-même, et la cultiver dans ce qu'elle a de particulier, au lieu de se borner, sans chercher si loin, à *armer* cette intelligence, en lui transmettant la connaissance des moyens pratiques d'expression, de ces moyens qui sont valables pour tous, comme de bons outils ou de bonnes armes. « Je veux vous préparer pour vous, déclarait David à ses élèves, pour votre nature, et non contre nature », et l'une des plus grandes joies de sa vie avait été le succès des *Pestiférés de Jaffa*. Dans « l'aspect si neuf, si inattendu des productions de Gros », il voyait « la preuve évidente de la supériorité de sa méthode ».

A vrai dire, dans le cas de Géricault, il ne semble pas qu'il y ait eu, à proprement parler, « culture » systématique d'une personnalité par Guérin. Cette personnalité était de celles qui se développent d'elles-mêmes. Guérin la « laissait faire », et cela est essentiel. Les mots qu'on rapporte de lui sont clairs. « Pourquoi cherchez-vous à l'imiter ? demandait-il aux camarades de Géricault. *Laissez-le faire* : il y a en lui l'étoffe de trois ou quatre peintres, mais il n'en est pas de même de vous. » Lorsque Géricault agrémentait ses figures de fonds à la Paul Véronèse, bâclait ses académies, changeait de place, recommençait son étude à l'autre bout de l'atelier en retournant sa toile, de manière à peindre sur le côté non préparé, le bon Guérin « se contentait de sourire ». Géricault n'en faisait qu'à sa tête. « Il ne reçut jamais la leçon d'un maître », déclare son ami d'enfance Théodore Lebrun.

Cependant cette indépendance ne préserva pas Géricault, d'une sorte de pli qu'il prit pour la vie entière, dans le milieu davidien en général, auprès de Guérin singulièrement.

Une horreur, peut-être excessive, de la routine avait pour effet d'obliger les davidiens à se mobiliser tout entiers pour vaincre chaque difficulté. Ce manque de souplesse provenait de la nature même de leur foi artistique et se transmettait — il se transmet encore — avec cette foi. Dans la discipline personnelle et dans la pédagogie d'un David et d'un Guérin, l'éternelle crainte du dévergondage se traduit par la défiance des moyens propres à développer les deux facultés sœurs : la mémoire et l'imagination. La reine des facultés a été détrônée par David. La trop stricte réalité à laquelle on est asservi et l'idéal trop abstrait vers lequel on s'élève avec effort excluent le jeu sans lequel elle n'est pas et où il faut acquérir par d'ingénieux exercices quelque agilité d'esprit.

L'esprit de Géricault pèse excessivement sur l'idée de la difficulté de l'art et de son austérité. Que sa décision quand il brosse une étude, que sa facilité à imaginer les compositions par centaines, ne nous trompent pas ! Les dessins que nous aurons à feuilleter nous donnent la sensation de l'intarissable inventeur de formes qu'il est par sa nature ; mais cette nature, son milieu ne la fait-il pas dévier ? C'est précisément le contraste qui apparaît entre elle dans ses manifestations spontanées et les œuvres définitives auxquelles Géricault aboutit, laborieuses, concertées, tendues, qui nous met en éveil. Il serait à l'aise dans le monde où les formes se font images et vivent, attirées à la lumière par les rhéteurs de l'art, par les décorateurs et par les peintres-poètes. Quelle invincible gêne l'empêche donc de s'y épanouir ? Pour lui comme pour les davidiens, nous le constaterons en plusieurs occasions importantes, entre la copie rigoureuse d'un morceau de nature et l'arbitraire composition, il n'y a que des velléités auxquelles on n'ose donner une forme définitive ou que des étapes que l'on franchit.

◘

Il serait nécessaire, pour apprécier à sa juste valeur l'originalité de Géricault, de connaître ses camarades. Par malheur, nous sommes mal renseignés sur eux. Nous en savons cependant assez pour entrevoir tout un mouvement auquel il ne faisait que participer. Qui était ce Champion, élève de Guérin, futur ami du jeune Delacroix, et dont Géricault, au dire de Riesener, n'aurait été que l'émule ? Qui étaient les auteurs des nombreux torses attribués à Géricault souvent avec vraisemblance, si l'on n'en considère que le style, et qui pourtant ne peuvent être tous de sa main ? Beaucoup sont d'une touche large, d'une belle pâte. Géricault n'était pas le seul qui aimât à peindre ferme et gras. Dès l'apogée de l'Empire, on croit reconnaître chez quelques jeunes peintres le retour de la sensualité, que la réforme davidienne avait fait disparaître d'une manière à peu près complète, ou du moins dont les manifestations étaient devenues rares dans la grande peinture, tandis que les esquisses et les études continuaient à en révéler la vigueur, notamment sous l'étonnant pinceau de Girodet. Quant au réalisme, loin d'être une réaction contre le davidisme, il en était une forme aussi authentique que l'idéalisme abstrait. Il était une des principales tendances de la génération de Géricault, et nous rappellerons seulement, pour illustrer cette remarque, le singulier caractère que l'absence totale d'imagination lui faisait prendre chez un peintre du même âge que Géricault, ou d'un an son aîné, chez Pagnest, l'auteur du torse, presque célèbre, et à juste titre, que conserve l'Ecole des Beaux-Arts. Tels étaient les scrupules réalistes de Pagnest que, quand il fit le portrait de M. de Nanteuil, il exigea une centaine de séances de son patient, il l'installa dans un fauteuil, dans des bottes et à une table cloués au plancher, il lui fit placer les mains sur des empreintes ineffaçables, dans une immobilité absolue, si bien que, suivant le mot de Charles Blanc, le malheureux « faillit mourir pour devenir immortel ». Enfin la prédilection pour les scènes tragiques, la tendance au mélodrame allant jusqu'au goût du carnage : cette forme particulière du romantisme, qui devait être celle de Géricault dans ses projets de tableaux consacrés à l'assassinat de Fualdès et dans la *Méduse,* ne lui était pas plus personnelle et n'apparaissait pas davantage avec lui. On la pressentait chez Guérin. Elle triompha dans les derniers Salons de l'Empire. Dès 1810 Guizot s'en plaignait. Le Barbier protestait contre la transformation du Salon en « un immense cimetière », en un « lieu d'épouvantable boucherie », contre la multiplication des scènes d'assassinat, d'empoisonnement, « bonnes pour orner la galerie d'un cannibale ».

Ajoutez que Géricault s'assimilait le grand style davidien. Les preuves en sont des académies, dont l'une des plus caractéristiques est certainement le *Berger* de M. Gaboriaud, des compositions peintes, telles que le *Départ d'Ulysse,* que décrit Clément, des dessins comme l'*Homme tenant un casque* de la collection Pierre Dubaut ou comme la *Scène d'Adieux* que Bonnat a léguée au musée de Bayonne. L'inspiration est celle de l'Ecole, le style celui de l'Ecole. Seul est original le tempérament qui s'en accommode en leur donnant un accent nouveau. Géricault semblait destiné à rénover l'Ecole, non pas à la combattre. Tentative parallèle, si l'on veut, à celle d'Ingres, et non pas semblable à celle de Delacroix, douze ou quinze ans plus tard. Mais répétons ici le mot de Guérin, qu'il nous faut prendre au pied de la lettre : « Il y a en lui trois ou quatre peintres. » Un de ces peintres en puissance aurait eu dans l'histoire une physionomie bien extraordinaire. Ç'aurait été un *davidien baroque.* Tandis que Ingres, sous l'influence des primitifs et de Raphaël, instaurait une forme nouvelle du davidisme, on aurait pu croire, en observant Géricault vers 1810, qu'il allait lui aussi le renouveler, et d'une autre manière, en l'animant du génie baroque.

Nous avons, pour appuyer cette opinion, un témoignage direct d'une valeur inestimable, sur lequel les cadres de cette étude ne nous permettent pas de nous étendre. Ce n'est qu'un carnet de croquis, mais combien révélateur [1] ! Pour comprendre quelle emprise l'art davidien peut exercer vers 1810 sur une imagination d'artiste ardente, combien il est exaltant, combien Géricault est davidien, il faut avoir longuement examiné ces feuillets où se pressent des centaines de personnages aux gestes impérieux, groupés quelquefois sous de tragiques éclairages à la Guérin, dessinés à la plume d'un trait robuste comme le cerne de plomb des vitraux et fermement lavés de bistre. Mais d'étranges déformations : des têtes minuscules sur des corps énormes, des retournements invraisemblables, des mains et des pieds qui semblent déchiquetés, des bras où s'essaie le contour flamboyant que Géricault affectionnera souvent par la suite, rendent insolites ces exercices de style. Ce carnet est prodigieux par la fécondité d'invention qu'il révèle, par l'abondance des dons, et par je ne sais quelle ivresse, ou fureur, ou folie de stylisation. Que sont tous ces croquis, sinon des évocations plastiques, pures créations de l'esprit, sans rapport avec la réalité ? Et pourtant le même homme, dans le même temps, développait ses qualités de réaliste.

Il avait la tête épique. C'est ce qui créait l'harmonie entre le baroque et le réaliste. C'est aussi ce qui faisait dominer en

1. Au cabinet des dessins du Louvre, qui l'a acquis en 1924.

lui sur ces deux artistes possibles le disciple de Gros. Géricault subit l'influence de Gros sans suivre son enseignement. Son enseignement aurait pu le faire profiter de certaines méthodes ; notamment Géricault aurait entendu le conseil que Gros était seul à donner alors et que nous rapporte Delestre : « Conduisez simultanément chaque partie, de telle sorte que, si votre besogne venait à être interrompue, il y ait homogénéité entre chaque fraction, quel que soit le degré d'avancement ». C'était la méthode de Rubens. Mais nous verrons Géricault, comme la plupart de ses contemporains et se conformant en cela à l'exemple de David, travailler d'une manière opposée. L'œuvre de Gros révélait à Géricault que la peinture peut traduire la sensibilité qu'ils tenaient tous deux de leur époque héroïque. La nouveauté de Gros, c'était — comme Delacroix l'exprime — « d'élever les sujets modernes jusqu'à l'idéal ; de peindre le costume, les mœurs, les passions du temps sans tomber dans la mesquinerie ou la trivialité, écueils ordinaires de ce genre de sujets. » Quels stimulants pour un jeune artiste amoureux de la vie que cet éclat, ce grand mouvement qui emporte tout, cette verve, cet art de l'effet, « cette poésie des détails », cette manière franche et facile ! Géricault jusqu'à sa mort, eut « l'adoration de Gros » ; il ne parla de lui qu'avec « enthousiasme et respect », avec « une éloquence entraînante ».

◘

Nous ne croyons pas nous attarder en nous arrêtant ainsi à la période de sa formation. Pour en achever le tableau, il nous faut revenir sur les manifestations de sa sensualité artistique et sur son respect des maîtres.

Dès le début, il révéla une de ces natures dont certains classiques disent avec crainte, comme Poussin du Caravage : « Cet homme-là est venu pour détruire la peinture », et dont le rôle, en lui rendant du ton, est d'en restaurer, au contraire, ou d'en maintenir, les traditions fortes. On lui enseignait un dessin étriqué, mais spontanément, par un besoin naturel d'ampleur, il forçait les contours et les débordait : « Vos académies, lui reprochait Guérin, ressemblent à la nature comme une boîte à violon ressemble à un violon ». (Parole qu'il est bien significatif de rapprocher du jugement de Girodet sur le dessin de Le Brun qui n'est que « l'étui des belles formes » et même de la critique de Couture : que les arbres de Corot « sont à la nature ce que la gaine est à l'objet »). Géricault ne goûtait pas davantage le jour insipide de l'atelier ; il opposait fortement la lumière et l'ombre ; Guérin s'exclamait : « Votre coloris n'est pas vrai ! Tous ces contrastes de clair-obscur me feraient croire que vous peignez toujours au clair de lune ». La faveur de copier un tableau de son maître, l'*Invocation à Esculape*, ne lui fut elle-même qu'un prétexte à outrances : il mit son « énergie » jusque dans cette sage peinture, ce qui était bien « le travail d'un insensé ». Enfin, on lui enseignait que l'originalité de la facture, la beauté de la pâte sont de médiocre valeur, peut-être même répréhensibles, parce qu'elles détournent de l'essentiel et engagent à la « manière » ; on lui vantait la peinture mince et porcelaineuse ; en conséquence, il empâtait, et tellement que ses camarades, amusés, le surnommaient « le pâtissier ». Isabey l'appelait « le cuisinier de Rubens ». En effet, il aimait la « cuisine », il avait la fougue du grand Flamand et sa palette était souvent alors d'une richesse qui allait se modérer.

On évoquait l'ombre de Rubens. Mais ce n'était pas la seule. Géricault cherchait du renfort au Louvre. Il copiait Raphaël, Titien, Véronèse, Corrège, Vélasquez, Rembrandt, Rubens et Van Dyck, Caravage et Salvator Rosa, Sébastien Bourdon, Poussin, Le Sueur, Rigaud et Jouvenet, Prudhon... Encore ne citons-nous pas tous ceux auxquels il demanda un enseignement. Cet effort d'éclectisme est d'autant plus digne de remarque que le davidisme se souciait peu de la tradition, sinon pour la rompre. Géricault, suivant l'heureuse formule de M. Léon Rosenthal, « restaurait la sympathie ».

Mais on doit aussitôt apporter un correctif à ce jugement. A quoi servait-il à Géricault de consulter les maîtres les plus différents ? il ne les écoutait pas ; devant eux c'était toujours lui qui parlait. M. Rosenthal fait encore remarquer que les toiles qu'il copiait étaient presque toutes mouvementées, « fortes, à tendance théâtrale, de composition ample ». Il leur demandait « une excitation ». Ce choix involontaire étant fait, de la meilleure foi du monde, emporté par sa passion, il arrangeait les tableaux des maîtres comme l'*Invocation à Esculape* de Guérin. Parfois c'était avec infiniment de tact, mais d'une manière qui n'en était pas moins significative : en ce genre, on peut voir, au Louvre, une copie de *la Justice et la Vengeance poursuivant le Crime* où la ligne précise est cherchée partout sous le sfumato de Prud'hon. Mais il y a beaucoup mieux. Il transformait en monstres les créations des plus délicieux génies. N'est-il pas extraordinaire que son œuvre la plus *fauve* soit une copie de l'*Antiope* du Corrège ?

◘

Cependant, plus encore qu'à la fréquentation des maîtres, ce disciple de Gros était engagé à l'étude de la vie. Il observait surtout le cheval, et la chose est si connue qu'il nous suffira de rappeler les études, les dessins, d'après nature et de mémoire, par lesquels il faisait en artiste la conquête du cheval. Il parut pour la première fois au Salon en 1812 avec le fameux *Officier de Chasseurs*, qui fut accroché de manière à faire un pendant au portrait de Murat par Gros. A certains égards, on peut regretter qu'au Louvre ce tableau ne figure plus dans la même salle que les œuvres de Gros. Leur parenté étroite apparaîtrait davantage, et ferait douter du mot que la tradition prête à David : « D'où cela sort-il ? Je ne connais pas cette touche-là. » Les contemporains ne trouvèrent pas que le caractère de cette toile fût choquant. C'était une peinture de circonstance comme on en faisait beaucoup, et qui révélait seulement les beaux dons d'un jeune homme. Elle ne les frappa point outre mesure, puisque, en 1819, quand Géricault réapparut avec la *Méduse*, on le traita comme un débutant et que nul ne parut se rappeler son coup d'essai. En 1812, on crut l'encourager en lui décernant une médaille d'or. On le mit seulement paternellement en garde contre la facilité, l'excès de verve et, pour tout dire, la présomption. La note moyenne paraît être donnée assez bien par Delpech, dans son Salon de 1814. « Le premier de ses tableaux, exposé au Salon de 1812, écrit ce critique, obtint un succès marqué. Le ton harmonieux de l'ensemble, la vigueur et l'originalité de l'attitude, et surtout l'enthousiasme avec lequel cet ouvrage est peint d'un bout à l'autre, firent excuser quelques fautes graves qui semblaient avoir échappé à leur auteur. On crut devoir l'inviter à se modérer un peu plus par la suite, et à soigner davantage son exécution ».

A notre sens, parmi les caractères qui, dans l'*Officier de Chasseurs*, distinguent Géricault de Gros, le plus original est la hardiesse réglée de la composition. Il y a toujours du désordre chez Gros. Tel personnage pourrait être un peu plus à droite ou plus à gauche que l'effet du tableau n'en serait pas gâté ; ses ordonnances ont plus de libre vérité que de style ; d'ailleurs les gestes, si violents qu'ils soient, ne sont jamais forcés. Or la plupart des dessins et esquisses de Géricault, quand il cherche l'effet de son *Officier de Chasseurs*, tiennent de Gros sous ce rapport. L'invention plastique en est faible. On y voit se cabrer le cheval comme au cirque et chez Carle Vernet ; le cavalier brandit son sabre dans un grand geste vague qui n'a pas de rythme. Telle est même l'identité de manière de Gros et de Géricault dans ces essais, que le Louvre conserve un dessin attribuable à l'un ou à l'autre. His de la Salle, qui le possédait, le croyait de Gros ; récemment encore, on a pu l'utiliser pour illustrer l'article de Delacroix sur Gros, tandis que l'inventaire de MM. Guiffrey et Marcel (nº 4177) le donne à Géricault, (avec plus de vraisemblance, nous semble-t-il). Mais ces attitudes que Géricault conçoit d'abord, il ne s'en contente pas, comme Gros. Il n'est satisfait qu'au moment où il a trouvé une pose à la fois plus extraordinaire et plus plastique. Le coup de génie, c'est l'invention du retournement subit avec le bras droit abaissé. Et le propre de Géricault, c'est de réaliser l'équilibre des masses, l'unité de l'effet, l'arabesque fermée, par la conception d'un geste forcé. Il y a un rigoureux parallélisme entre le bras droit du cavalier, la jambe gauche du cheval que prolonge la ligne médiane de son dos, et une ligne qui suit et joint les deux cuisses droites du cheval. Les deux parallèles extrêmes sont reliées par une ample courbe qui suit le sabre et se continue jusqu'au bas de la peau de tigre... Il nous suffira de signaler ce *tracé régulateur* du tableau. La place nous manque pour le décrire ; il est un peu compliqué, mais apparaît clairement. Or, c'est l'originalité de Guérin que cet art de la concentration et ces rigoureux tracés de parallèles. Ainsi, l'*Officier de Chasseurs*, avec un bonheur de trouvaille qui n'appartient qu'à Géricault, avec une facture inspirée de Gros et en un genre qui est celui de Gros, porte néanmoins la forte marque de Guérin.

Les moyens sont tout différents dans le tableau que Géricault exposa au Salon suivant, c'est-à-dire en 1814 : le *Cuirassier blessé*. Quant à la facture, Géricault s'y montre affranchi de l'influence de Gros, et de tracé, il n'y en a plus. Mais plus personnel, il est ici moins heureux. Il a peint puissamment dans de fermes contours, sans avoir conçu un rythme général. On reconnaît l'évidente recherche du modelé pour le modelé, poussée jusqu'aux dépens de l'effet d'ensemble. Cette recherche, en soi remarquable, est, pour l'époque, extraordinaire. La main gantée qui tient le sabre, et la retombée du manteau sont des morceaux que Géricault, croyons-nous, n'a pas surpassés en ce genre.

Cette toile, pendant de l'*Officier de Chasseurs*, fut mal accueillie. Son originalité devait choquer, et aussi ses négligences, dont la plus criante est dans le dessin du cheval. « On dirait, écrit Clément, que le peintre, ayant mal pris ses mesures, l'a fait entrer de force dans sa toile. » Les critiques blâmèrent « le dessin colossal, la touche lourde et heurtée ». « Le défaut d'étude et de correction, selon Delpech, n'est racheté par aucune qualité éminente ». La rédactrice d'une « Petite Revue des Tableaux », dont l'incompétence paraît totale, exprime bien, semble-t-il, l'étonnement du public naïf : « La couleur, demande Mlle E..., n'est-elle pas *trop tranchée* du blanc au noir ? » Géricault fut découragé. Il prit ce tableau en aversion et plusieurs fois voulut le détruire.

A la même époque, se rapportent un grand nombre d'autres peintures, dont les plus importantes sont le *Train d'Artillerie* ou le *Passage du Ravin*, que nous ne connaissons pas, et les deux portraits de carabiniers du Louvre et de Rouen, puis le *Napoléon donnant un ordre à un officier supérieur* de l'ancienne collection Goetz, la *Charrette de Blessés*, les études de poitrails et de croupes de chevaux exécutées en 1813 dans les écuries de Versailles, et combien d'autres études de soldats, de chevaux et de fauves. Ces toiles, moyennes ou petites, sont ce qui, dans l'œuvre peinte de Géricault est le mieux fait pour nous toucher. Nous sommes au moment où le peintre prend possession de ses moyens et se grise de sa jeune autorité. Une matière épaisse, posée franchement, largement, par de grosses brosses, dont souvent les poils creusent des sillons dans la pâte, avec peu d'huile, sur des toiles parfois à large grain. Peinture robuste et fruste, éloquente et sans charme, bourrue, si j'ose dire, d'harmonies sourdes, avec des ombres opaques et de généreuses clartés. Certaines de ces peintures, telles que les *Carabiniers*, sont d'une maîtrise, d'une puissance, d'une sûreté qu'il ne surpassera jamais, malgré l'habileté plus grande qu'il acquerra. D'autres sont bien singulières, par le mélange de maladresses et d'inventions heureuses. On y voit des chevaux qui caracolent comme des chevaux de bois. Mais ils sont peints avec une telle assurance ! Et quelquefois des trouvailles comme, dans le *Napoléon*, le visage de l'officier perdu dans une ombre brusque, tandis que le clair de lune frappe violemment sa cuisse blanche, ou comme, dans le *Carabinier* de Rouen, la silhouette noire de la tête de cheval projetée sur le ciel du couchant...

◘

Jusqu'ici la vie de Géricault, pour autant du moins qu'elle est connue, n'offre pas d'intérêt. Mais en 1814 des événements commencèrent à l'agiter. Dégoûté peut-être pour un temps de la peinture par l'échec du *Cuirassier Blessé*, poussé par l'amour de la vie militaire et des chevaux, il s'engagea dans les mousquetaires du roi et servit plusieurs mois à Versailles sous le plus bel uniforme rouge dont peintre pût rêver. Lors du retour de l'Ile d'Elbe, il fit une sorte de coup de tête, étrange lorsqu'on songe qu'il allait être résolûment libéral sous la seconde Restauration. On doit y voir sans doute un effet de sa générosité naturelle et de son caractère impulsif, l'équivalent dans sa vie de ces inspirations soudaines sous le choc d'une vive réalité, que nous observons chez l'artiste. « Nous allâmes la nuit aux Tuileries, expliquait-il plus tard ; la cour était encombrée de gens qui vociféraient, et lorsque je vis la lâcheté de tous ces soldats qui jetaient leurs armes et reniaient leur serment, je résolus de suivre le roi ».

Il l'accompagna jusqu'à Béthune. Quelques jours après, la fièvre tombée et le roi en sûreté, il revêtit un déguisement et s'en revint.

Depuis cette fugue jusqu'en 1816, il travailla peu, Clément et Etex sont d'accord pour l'affirmer. Il était tourmenté par un amour que Clément n'a pu raconter et dont Henri Houssaye a dit seulement que le récit en était plus passionnant qu'un roman. Nous savons par Etex que la maîtresse de Géricault était mariée. « De cet amour adultère naquit en 1818 un enfant de sexe masculin, inscrit à la mairie du XIe arrondissement comme né de père et mère inconnus... Ce fut le père de Géricault qui en prit soin dès sa naissance ». Mélancolique destinée que celle de ce fils, qui prolongea jusqu'en 1883, dans l'hostilité d'une auberge de campagne, une vie solitaire et sombre. L'amour de Géricault n'est pas un épisode. Il a bouleversé sa vie. Il lui a donné je ne sais quel caractère fatal et romantique. Il l'a obsédé. Il l'a jeté dans les excès qui l'ont perdu.

Quoiqu'il en soit, vers la fin de septembre 1816, voulant s'arracher à cet amour, il partit pour l'Italie. A Florence, le mondain parut secouer sa tristesse. Il raconte en une agréable lettre une soirée qu'il passa dans la loge de l'ambassadeur de France. Il manifesta son culte de Michel-Ange en dessinant les tombeaux des Médicis et, copiant l'*Héliodore* de Solimène, il témoigna une fois de plus de son goût pour le beau fracas napolitain.

Pourtant Florence le lassa vite. Il s'empressa de gagner Rome.

Comme l'*acedia* des cloîtres qui n'épargne pas les plus fervents mystiques, l'ennui romain s'abattit sur ce dévôt du Bernin, de Michel-Ange et de Raphaël. Il trouvait une proie facile en « ce cœur trop plein de souvenirs ». Géricault, qui était parti pour deux ans, écourta de moitié son séjour et il en conserva jusqu'à la fin de sa vie le plus amer souvenir.

Il écrivit des lettres lamentables. Il paraît n'avoir pas entretenu de relations avec les élèves de la Villa Médicis, sinon avec Schnetz. Et pourtant, dans la solitude, « incapable de rien », si nous l'en croyons, « tremblant » aux pieds des maîtres, « doutant de lui-même », perdant certainement de longues journées à rêver, il parvint à travailler beaucoup et Rome exerça sur lui la plus féconde influence.

Le repliement sur soi augmentait les effets de la leçon romaine. Il invitait comme elle à la concentration des pensées. Dans les Stances où Géricault copiait des fragments de la *Bataille de Constantin* et de l'*Incendie du Bourg*, au Palais Borghèse où le retenait la *Piéta* de Raphaël, devant le mur du *Jugement dernier* qu'il copiait encore, il nourrissait son imagination des formes à la fois rythmées, éloquentes et pleines, qui exigent des *sacrifices*. N'oublions pas les baroques. Géricault était certainement un des artistes dont Schnetz, à la fin de sa vie, entretint l'élève Henner : qui traitaient de *navet* l'*Apollon* du Belvédère et lui préféraient les Bernin du Pont Saint-Ange.

L'influence de Rome sur Géricault apparaît clairement. Rome a opéré une définitive mise au point de ses tendances antérieures et un passager appauvrissement de sa palette, auquel l'Angleterre allait remédier. *Neutralisation* serait peut-être un terme plus juste qu'*appauvrissement* : une toile comme la *Course des Chevaux Libres* de Rouen est fort colorée, et donc sans pauvreté, mais d'une manière conventionnelle, imitée des maîtres. A cet égard, après le coloris, non pas peut-être plus personnel, car c'était celui de Gros, mais plus *moderne* pour l'époque, dont l'*Officier de Chasseurs* donnait un exemple, et après la manière du *Cuirassier* et des *Carabiniers*, il y avait une sorte de régression, et Géricault voulait faire le tableau de musée. C'est alors qu'il exagéra son goût, déjà marqué, pour le despotique, le cruel bitume, tellement même qu'il devait dire un jour à Robert Fleury : « Plus un tableau est noir, mieux il vaut [1]. » Quant à la *mise au point*, il suffit pour la reconnaître de considérer dans l'œuvre de Géricault à partir de cette date la fusion et le renforcement des caractères que présentaient, désaccordés, l'*Officier de Chasseurs* et le *Cuirassier* : dans le premier, l'équilibre plastique et, dans le second, la largeur du modelé, la fermeté des contours ; Géricault opéra la synthèse sous l'influence des maîtres romains. Tout naturellement, il se mit à penser les formes que lui offrait la vie comme les avaient interprétées Raphaël et Michel-Ange. Parlant couramment leur langue, il n'en resta pas moins lui-même, avec sa fougue particulière, sa lourdeur, son style triste, son amour du morceau, ses incorrections aussi ; il n'en resta pas moins, ajoutons-le, l'élève de Guérin qui raidit artificiellement le jeu de sa souple nature, dès qu'il passe de la première idée, facile, à la construction laborieuse d'une grande œuvre.

La grande œuvre d'alors, c'est la *Course des Chevaux Libres* ou des *Barberi*, que Géricault comptait réaliser sur une toile immense où la scène eût été représentée plus grande que nature. Les deux tableaux définitifs : celui du Louvre et celui de Rouen, sont l'aboutissement d'un travail dont plusieurs esquisses et de nombreux dessins sont les témoins. Géricault s'est dégagé progressivement de l'impression particulière d'un spectacle pour s'élever à la pure plastique et a substitué au mouvement désordonné de la réalité le rythme réglé des métopes antiques. On peut penser que c'est au tableau du Louvre qu'il aurait arrêté son choix, car c'est le plus décoratif, le plus meublé et le plus complet ; celui de Rouen n'en paraît être que la partie de gauche isolée, inversée, reprise, et augmentée de deux personnages. L'analyse ne peut épuiser le riche ensemble d'œuvres dont les *Barberi* sont le thème. Dans le premier dessin apparaît le

1. Durand-Gréville. *Entretiens de J.-J. Henner* (1925), p. 26.

Géricault proche de Carle Vernet, fidèle observateur de la vie. Dans un autre, conservé au Louvre, dont les hommes sont nus et luttent avec les chevaux pour les retenir, on a l'un des plus frappants exemples de la facture *flamboyante* qui lui était propre, et qui exprime avec une merveilleuse souplesse l'allégresse de corps en mouvement. Entre la belle esquisse que possède Mme Tordeux et celle du Louvre, on suit l'effort pour contenir une puissance qui se défie de sa fougue, et le travail de pondération. Est-il une plus admirable image de la maîtrise tranquille que le groupe central du tableau du Louvre ? Dans l'esquisse de Rouen, la figure de droite, malgré la carnation sanguine et de singuliers accents de brutalité, est *prud'honienne*. Et, en même temps, quelle bizarre, et toute gratuite rigidité, dans le plan si net, comme une estrade, sous les jambes des coureurs de Rouen, dans l'ombre noire, au premier plan à droite du tableau de Paris, dans le mur, durement découpé, sur lequel se profilent les chevaux et leurs dompteurs !...

Au séjour de Rome se rapportent encore ces dessins au crayon ou à la plume, rehaussés de sépia et de gouache, sur papier jaune ou bleuté, qui occupent une si grande place dans l'œuvre de Géricault, tant l'accent en est énergique, tant le style en est puissant. Ce sont le *Concert Champêtre*, la *Léda*, la *Chasse au Cerf* du Louvre, la *Marche du Silène* du musée d'Orléans... Il faut y ajouter des dessins à la plume sur papier blanc, dont le plus beau est cet *Homme nu terrassant un taureau*, du Louvre, qu'accompagnent de si vifs croquis. Géricault était frappé par le spectacle de la vie populaire à Rome, et particulièrement par le défilé des troupeaux de bœufs et par les scènes de boucherie. Cette feuille du Louvre nous montre à ce propos une fois de plus son travail instinctif de stylisation : le troupeau lui fournissait une véritable frise ; le souvenir d'un bœuf ou d'un taureau faisait naître un groupe sculptural, qui n'a plus aucun caractère épisodique et qui évoque la légende d'Hercule. Lors même qu'il restait tout près de la réalité, il atteignait au plus grand style, comme l'attestent le fameux dessin de la *Prière à la Madone* et la suite de croquis consacrés aux bouchers de Rome, dont il allait tirer à Paris sa peinture du *Marché aux Bœufs* et sa première lithographie. La voie de Géricault était bien dans cette exaltation de la vie contemporaine. Mais le lyrisme ne perdait pas ses droits. Des croquis de cette époque le prouvent avec une véritable furie ; par exemple, sur une feuille du Louvre, l'enlèvement, cinq fois répété, de quelque Déjanire par un centaure ; dans un dessin de l'Ecole des Beaux-Arts, un dragon et une folle ronde de femmes aux pieds effilés, autour d'un faune ; ou, sur une feuille de papier bleu que renferme la même collection, je ne sais quel invraisemblable monstre chinois, né de brusques taches de gouache.....

◘

Géricault rentra de Rome par la Suisse à l'automne de 1817. Il revint habiter au 23 de la rue des Martyrs un pavillon avec atelier dans un jardin, dépendance d'une maison sur la rue, dont son père était possesseur. M. Géricault vendit deux ans plus tard cette propriété à l'un de ses locataires, le colonel Bro de Commères, un officier de l'Empire en demi-solde chez qui fréquentait Béranger. Ces pentes de la Butte, où les financiers du règne de Louis XVI avaient construit leurs folies, étaient restées entre la ville et la campagne un quartier élégant, tout en jardins. Il fut sous la Restauration un foyer de libéralisme. On l'appelait la Nouvelle Athènes, à cause des artistes, des littérateurs, des bourgeois voltairiens qui l'habitaient. Le jardin des Géricault était contigu à celui de Ruggieri et les enfants montaient aux échelles pour admirer les feux d'artifice. Il longeait par derrière les maisons de la rue des Martyrs jusqu'au numéro 2 de la rue Saint-Lazare, où Horace

Vernet avait son atelier. Un mur séparait les propriétés des deux amis. On le sautait pour voisiner, jusqu'au jour où Bro le fit percer d'une porte pour tromper plus facilement « la surveillance des policiers chargés de monter la faction dans la rue des Martyrs ».

Les *Mémoires* de Bro nous donnent de l'atelier de Vernet une image encore plus agitée que l'amusant tableau où le peintre s'est représenté faisant des armes auprès d'un cheval, d'un bouledogue, d'un singe, de Montfort et de Lehoux, ses élèves en tenue de boxe, d'Eugène Lami jouant de la trompette, d'Amédée de Beauplan tapant sur un piano, d'un autre ami frappant une grosse caisse et de nombreux bavards. Il arrivait qu'en entrant au milieu de ce tintamarre, on reçût une guenon sur la tête, ou que, traversant l'atelier sans précaution, on réveillât l'ours qui dormait près du poële, ou encore qu'on dérangeât le loup grâce auquel Vernet représentait la tragique aventure de Mazeppa. — On voyait parfois chez lui le duc d'Orléans qu'on appelait le « duc de Valmy », le général Foy, le général Lamarque, Manuel, Béranger... Géricault « y dépensait son esprit », nouait une intrigue avec une femme dont le mari, général exilé, était « réfugié, disait-on, au Champ d'Azyle, en Amérique, parmi les grognards qui avaient fui l'oppression ».

C'est dans ce milieu qu'il puisa son inspiration. Le fameux Champ d'Azyle, il y représenta, dans un dessin à la plume que possède le duc de Trévise, deux soldats exilés qui se rencontrent et s'embrassent. Les exploits militaires, dont les conversations étaient pleines, nourrissaient sa verve. D'un fait divers lu dans le *Constitutionnel*, il tirait le sujet de sa lithographie : le *Factionnaire suisse du Louvre*. La *Méduse* est un pamphlet.

Il était émerveillé par les lithographies de Charlet. Il en appelait l'auteur, d'une manière assez bizarre, « le La Fontaine de la peinture ». Il voulut le connaître. Un jour de 1818, il fit la promenade de Meudon avec Dedreux-Dorcy (ou avec le colonel de Rigny) pour surprendre à l'auberge des Trois Couronnes Charlet qui en peignait l'enseigne pour le compte de Juhel, « peintre barbouilleur philosophe ». Des libations excessives scellèrent une amitié qui ne devait finir qu'avec la vie. Dans les mois suivants, Géricault fit, en compagnie de son nouvel ami, des escapades dont il revenait « couvert de boue, dans un état pitoyable, très honteux, jurant qu'on ne l'y reprendrait plus ». Le contraste de ces grossièretés avec la noblesse de Géricault et aussi avec sa tristesse intime, jettent une furtive, mais révélatrice, lueur sur son désarroi.

C'est à cette époque que naît son fils. « L'âme troublée et sous le coup du remords... il rompit avec le monde des plaisirs et, pour ne pas succomber à la tentation, il se fit raser la tête ». Que ce trait est éloquent ! Par malheur, Etex est seul à le rapporter, Etex qui n'est pas un témoin. Mais si le sacrifice n'eut pas lieu de « ces beaux cheveux blonds qu'il entretenait avec tant de soin », la retraite, au moins, est certaine, la retraite dans un cauchemar et dans un charnier. Il trouva au Roule un atelier « bizarre » (ainsi le qualifie Delacroix) assez grand pour contenir le tableau de la *Méduse*. De l'hôpital voisin, des internes, avec qui il avait lié connaissance, venaient le fournir en cadavres et en membres coupés pour ses études de morts et de moribonds. Il obtenait aussi, ce qui paraît encore plus singulier, des têtes de guillotinés. « Il gardait des cadavres jusqu'à ce qu'ils fussent à moitié décomposés. »

Que ces remarques ne nous induisent pas en erreur. Géricault n'avait rien d'un Hamlet, rien de ces poètes si nombreux depuis un siècle, qui trouvent du plaisir à la pensée de la mort. Ils se grisent d'imagination. Géricault, bien au contraire, examine les cadavres avec un œil attentif et froid. C'est parce que la mort ne l'émeut pas qu'il a besoin d'elle pour le soutenir dans son travail. Il est le contraire du peintre-poète. Il est le type du peintre qui n'est que *peintre.*

La conception même du tableau de la *Méduse* est prosaïque, et c'est en prosateur que, du premier au dernier moment, il l'exécute.

Par la faute d'un officier incapable que la faveur avait appelé au commandement de la *Méduse,* cette frégate s'était échouée ; cent quarante-neuf hommes avaient été abandonnés sur un radeau aux courants de l'Océan. Affolés par le désespoir, les matelots s'étaient révoltés contre leurs chefs et ils s'étaient dévorés entre eux. Le douzième jour, le brick l'*Argus* avait recueilli quinze survivants exténués et mourants. Des lambeaux de chair humaine étaient pendus aux cordes du mât, où les malheureux les avaient mis à sécher. Deux des survivants, Corréard et le chirurgien Savigny, à leur retour en France, avaient publié une relation du drame, dont l'opinion fut fort émue. Géricault avait besoin de sujets horribles. En rentrant d'Italie, il avait pensé traiter une des quatre scènes que lui fournissait le récit de l'assassinat atroce dont Fualdès avait été victime, et avec quelle crudité implacable malgré son ampleur à la Michel-Ange, ne projetait-il pas ces tableaux ! Dans le cas de la *Méduse,* il y avait un sentiment plus humain, qui eût pu être poétique : c'était le tragique de cet abandon dans l'immensité de l'Océan, dont Delacroix allait tirer un si grand parti en peignant la *Barque de don Juan.* Mais on dirait, tant est pauvre la place que Géricault fit à la mer dans tous ses dessins, toutes ses esquisses et le tableau définitif, qu'il n'en a pas été ému. Tel était son tempérament de peintre. On peut remarquer aussi qu'il était d'une génération qui ne savait plus et qui ne savait pas encore quelles ressources offre au peintre l'expression par le paysage. Quoiqu'il en soit, il ne semble pas avoir eu le désir de créer une atmosphère. Il voulait montrer un radeau : le radeau occupe donc toute la toile, et ne laisse un peu de place sur la gauche que pour une vague mélodramatique, raide comme un portant de théâtre.

Il hésita longtemps entre trois scènes. Le moment où, les amarres étant coupées, le radeau était abandonné, n'offrait pas un spectacle intelligible au premier coup d'œil. La révolte était beaucoup plus intéressante. Un dessin à la plume conservé au musée de Rouen fait entrevoir le plus singulier moutonnement de corps agités dans la confusion de la lutte parmi le moutonnement des vagues. Beaucoup de dessins paraissent prouver que Géricault a été souvent tenté par les combats corps à corps, par le choc et l'enchevêtrement de masses d'hommes compactes, bref par ces effets que Delacroix devait souvent poursuivre, notamment dans son *Pont de Taillebourg*. A Rouen encore, on voit en ce genre le dessin par Géricault d'un combat sur un pont. Mais, par leur caractère même, c'est-à-dire par leur confusion, ces effets ne pouvaient le satisfaire. Comment les eût-il ordonnés ? Il voulait toujours un ordre rigoureux.

Il décida de représenter le moment où plusieurs naufragés entrevoient le navire sauveteur. Une page du musée de Rouen renseigne sur les premières recherches. Un linge s'agite, des personnages assis se retournent dans la direction de l'espérance, d'autres restent prostrés ; dans le bas et dans les coins supérieurs de la feuille, Géricault essaye diverses attitudes d'hommes nus couchés, seuls ou en groupes ; la hantise de Michel-Ange y est visible, et, dans le grand croquis, l'hésitation. Pour l'éloquence du récit plastique, il fallait qu'une dominante s'affirmât. L'esquisse de la collection Moreau-Nélaton indique assez bien l'allure du tableau quand il prend forme. Géricault a renoncé aux poses à la Michel-Ange, qui valaient un peu trop par elles-mêmes ; il entraîne les figures dans le mouvement ascendant vers le linge agité et il équilibre déjà cet élan par la méditation du père sur le corps de son fils. Il lui reste à meubler cette composition et à la préciser. Le grand tableau du Louvre montre une fois de plus la mise au point obtenue par le parallélisme. La diagonale de la toile, soulignée par une grande masse d'ombre, divise en deux la composition et impose une limite à la ruée ascendante des hommes qui en occupent le triangle de droite. Elle donne la direction que prennent les gestes et les regards. On a dit qu'un des caractères remarquables du *Radeau de la Méduse* était de réintroduire dans l'art la composition pyramidale chère à l'ancienne académie. A l'examen, cette opinion ne nous paraît pas absolument exacte. La *Méduse* révèle, bien plutôt, une nouvelle application des procédés de Guérin. La pyramide y est un effet fortuit et non pas systématique : le système est dans la distribution des figures en zones parallèles : 1° l'homme de droite vu de dos, qui se tient de la main gauche à la cuisse de celui qui est devant lui, 2° la grappe d'hommes qui s'élève du cadavre de gauche au nègre qui fait le signal, 3° les personnages debout près du mât. Ce parti, si logiquement inspiré par le caractère du tableau qu'il semble presque fatal, est d'ailleurs traité avec une extrême souplesse, et le souci de l'équilibre y est constant. Une grosse faute subsistait : l'angle de droite était trop vide. Dans le foyer du théâtre Favart où avait lieu le Salon, Géricault s'en aperçut, et il peignit en quelques jours le corps renversé qui le meuble aujourd'hui. Chose curieuse, ce corps figure dans une des premières esquisses : Géricault l'avait donc sacrifié à la dominante : il dut comprendre les dangers d'un esprit trop systématique, et rétablir ce contre-poids indispensable.

Dans toute cette construction, la part de l'imagination paraît déjà faible. Il faut encore la diminuer. Comme David qui ne put entreprendre son *Léonidas* tant que Delécluze ne lui eût dessiné en perspective plusieurs aspects des Thermopyles d'après une carte topographique, Géricault eut besoin d'un point de départ solide pour le travail progressif de son esprit : il retrouva le charpentier qui avait construit le radeau et lui en demanda une maquette exacte, sur laquelle il disposa des personnages en cire. Au moment de peindre, d'autres scrupules l'arrêtèrent ; il voulut revoir la mer et le ciel marin, et fit un rapide voyage à Dieppe. Ces précautions lui servaient-elles ? Nous doutons qu'il en tirât un profit positif. Mais elles le limitaient et elles fournissaient à son interprétation les éléments qu'il ne pouvait tirer de soi. Le radeau est visiblement plus petit que l'original : comment cent cinquante personnes y auraient-elles tenu ? L'effet de mer est assez conventionnel (ce n'est pas un blâme), il est décoratif, et Girodet ne l'eût pas autrement traité.

Géricault, durant cette période de préparation, accumulait d'autres matériaux : ses études de membres et de têtes coupés, de noyés. Et, en somme, il y a là encore quelque chose d'étrange. Car, de ces études, Géricault ne s'est pas servi. Il n'y a aucun rapport d'expression, de forme, de couleur ni de facture entre les deux têtes du musée de Rouen par exemple, et les hommes du radeau. Passant à l'exécution, le peintre mit de côté ces études pour copier tout simplement le modèle vivant. Le fils mort est Jamar ; c'est Delacroix qui a posé pour l'homme renversé, la main étendue sur une poutre... Pourquoi donc tant de recherches ? Pour calmer les scrupules d'une imagination habituée à douter de son pouvoir.

Peut-être aussi Géricault obéissait-il instinctivement à la nécessité pour un peintre, même réaliste autant que lui, de transposer le réel dans l'ordre de l'art, plutôt que de le représenter tel qu'il est. L'important pour Géricault était de trouver une couleur qui *parût* être celle de mourants : pour cela, ce n'était pas des mourants qu'il copiait, ainsi qu'il eût pu faire à l'hôpital ; il cherchait sur des morts, sur des malades et partout une couleur qui *évoquât* l'idée de la mort prochaine.

A ce propos, nous avons un témoignage précieux. Passant à Sèvres, le hasard lui fit rencontrer son ami Théodore Lebrun, qui s'y était retiré pour soigner une très grave jaunisse. Géricault le reconnut tout à coup, et se précipita : « Ah ! mon ami ! que vous êtes beau ! » — « Je faisais peur, raconte Lebrun, les enfants fuyaient, me prenant pour un mort, mais j'étais beau pour le peintre, *qui cherchait partout de la couleur de mourant* ». — Mais, sur ce point encore, tant Géricault est un artiste de transition, ou un précurseur, l'examen du résultat diminue, sinon la valeur, du moins la portée, des intentions. Car la couleur qu'il a employée dans son tableau définitif ne paraît nullement se ressentir de ces études originales : elles n'annoncent en rien cet étrange *gris rougeâtre*, uniformément répandu dans les parties que n'a pas mangées le bitume, couleur qui n'est pas due à une altération, car les plus résolus admirateurs, comme l'auteur de la huitième *Lettre à David*, la reprochèrent dès 1819.

Le même critique, pour faire excuser cette monotonie (au sens propre du mot) plaide que Géricault a été pressé par le temps. Explication assez vraisemblable, quoiqu'on puisse se demander si, avec du loisir, il serait arrivé à un autre résultat : car, par tempérament, il était de la lignée des peintres-sculpteurs ; son retour aux effets de Michel-Ange, du Caravage et de Jouvenet paraissait délibéré à cette époque. Ne pouvant, écrit notre critique, « donner au coloris tout le soin qu'il exigeait, il a cherché une manière plus expéditive, et ce qui doit nous paraître un vice est ici l'effet d'un système ».

Sur ce système, un élève de Géricault, Montfort, nous donne quelques renseignements. Mais disons tout d'abord que, la dernière esquisse étant au point, Géricault la mit au carreau et, suivant en cela la franche et un peu hasardeuse méthode que pratiquaient de nombreux peintres de l'école impériale, il ne fit pas de dessins poussés de chacun des personnages et des groupes. Dans la réalisation d'un grand tableau, Géricault brûlait une des étapes essentielles selon les académiques, tandis qu'il s'attardait à une étape préliminaire qu'ils ignorent. Expliquons-nous. En schématisant, on peut distinguer dans une préparation normale d'abord les croquis au crayon, à la plume, où la pensée se cherche ; puis les esquisses où elle se précise et prend sa pleine signification, où se fixe le rapport des masses colorées ; ensuite les grands dessins ombrés et les études, que le peintre n'aura plus qu'à reproduire et à juxtaposer s'il en est satisfait ; enfin la réalisation définitive par l'emploi de ces matériaux. Or Géricault, qui, nous venons de le voir, s'attardait aux premières recherches sans rapports directs avec l'œuvre projetée, négligeait de faire les dessins poussés et les études, dont l'utilité lui aurait été immédiate et précise. De cette manière, il conservait sa verve dans les limites que sa dernière esquisse lui imposait et qu'il ne modifiait plus. En effet, celle-ci étant arrêtée, il la transportait sur la grande toile, et passant successivement d'une figure à une autre, il précisait chaque fois les contours, directement sur la toile, d'après le modèle placé dans la pose qu'indiquait l'esquisse. Un tel procédé augmente la part du risque.

C'est à partir de ce point que Monfort nous renseigne : « Il peignait du premier coup sur la toile blanche, sans aucune ébauche ou préparation quelconque, en dehors du trait bien arrêté, et la solidité de l'ouvrage n'en était pas moindre. J'observais aussi avec quelle intensité d'attention il fixait le modèle avant de toucher la toile ...» Certes ! Quelle intensité d'attention ne fallait-il pas ! L'essentiel du travail se faisait alors, qu'aucune *étude* n'avait préparé : c'était une mise au net sans brouillon. Et voilà sans doute la raison véritable de l'uniformité de ton. Comment, en effet, arriver à l'unité du tableau par la juxtaposition de ces éléments au fur et à mesure créés ? Par un report constant à l'esquisse ? Moyen difficile si l'esquisse est très variée. Le peintre avait donc préféré s'arrêter à un parti très simple, à une sorte de moyenne neutre qui éludait les problèmes de l'accord des tons en hauteur et en nuance. L'effort de l'esprit consistait d'abord à ramener les tons divers qu'offrait la nature à cette moyenne, au lieu de les transposer dans un ordre plus complexe. Il consistait ensuite et surtout à maintenir d'un bout à l'autre de la toile l'accord des valeurs. Sur ce point encore Géricault se simplifia la besogne. Il plaça la source lumineuse au fond à gauche, de manière à obtenir un jour frisant avec fortes ombres. Le travail se ramenait à développer d'une manière égale un système de contrastes. Il n'en exigeait pas moins une grande tension d'esprit. « Le bruit d'une souris suffisait pour empêcher Géricault de peindre. » — Et ce sont ces contrastes qui donnent au tableau, en même temps qu'une très forte unité, l'aspect « taché de noir et de blanc », qui devait si fort chagriner Géricault quand il lui apparut à son lit de mort dans une copie de son élève Lehoux.

Laissons maintenant continuer Montfort, que nous avons interrompu : ... « avant de toucher la toile, paraissant aller lentement quand, par le fait, il exécutait très vite, posant de suite chaque touche à sa place et n'ayant que rarement besoin de revenir. Nul mouvement, d'ailleurs, soit du corps, soit des bras ; il avait l'air parfaitement calme, et une légère coloration de son visage indiquait seule la préoccupation de son esprit. Aussi, témoin de son calme extérieur, était-on d'autant plus surpris de la verve et de l'énergie de son exécution. Quelle saillie ! surtout lorsqu'une partie n'était encore que préparée ; *cela ressemblait à un fragment de sculpture à l'état d'ébauche.* A voir cette peinture si large, on pourrait croire que Géricault se servait de très grosses brosses ; il n'en était rien pourtant : elles étaient petites, comparées à celles employées par divers artistes que j'avais déjà connus et il est facile de s'en convaincre à l'aspect de plusieurs figures de son tableau, entièrement peintes par hachures ». — Par hachures, le futur procédé de Delacroix. Il semble, mais le tableau est accroché trop haut pour qu'on puisse vérifier cela attentivement, qu'une de ses originalités est dans la variété de facture de ses différents morceaux, malgré l'unité arbitraire de son effet. Cet art du morceau frappa vivement les jeunes peintres. Cette manière de couvrir la toile de proche en proche, sans préparation d'ensemble, comme si l'on avait divisé le tableau en surfaces égales peintes l'une après l'autre, fut en grande faveur auprès des cadets de Géricault. Bien entendu, ils l'outrèrent et la mirent en système : « Il faut peindre comme Géricault *par petits carrés.* » Gigoux assure que son premier maître ne savait pas enseigner autre chose. Ajoutons que Géricault y était particulièrement engagé par l'huile qu'il employait : une huile très siccative qui l'obligeait à terminer un morceau dans la journée.

Le *Radeau de la Méduse* n'eut pas de succès au Salon de 1819. « En général ce qui était nouveau, écrit M. Rosenthal, résumant l'opinion moyenne de la critique, passa pour incorrection ou négligence. On vit en Géricault un écolier qui, impatient de se faire connaître, s'était hasardé à improviser un tableau avec hâte et sans soin ». On voulut bien cependant l'*encourager.* « Courage donc, M. Géricault ! » Mais, de grâce, modérez-vous ! — La légèreté même avec laquelle on considéra ses audaces empêcha de voir en Géricault un *romantique* (avant la lettre). Par exemple, Jal, énumérant les artistes sur qui l'Ecole pouvait compter pour échapper aux *périls* qui la menaçaient, citait Géricault au milieu d'autres peintres : « Couder, Abel de Pujol, Blondel, Rouget, Paulin Guérin, Ansiaux, Drolling fils, Gautherot, Langlois, Géricault et Guillemot ». — Les discussions portèrent principalement sur la signification politique de cette *Scène de Naufrage.* Au lieu de s'en plaindre, comme il fit, Géricault aurait pu remarquer qu'il récoltait ce qu'il avait semé .— On ne fut pas moins outré des dimensions colossales de cette représentation d'un fait divers. « Tableau, que me veux-tu ? » demandait Gault de Saint-Germain. Kératry commençait son article par ces mots : « Il me tarde d'être débarrassé de ce tableau qui m'offusque quand j'entre au Salon ». Ces paroles nous scandalisent aujourd'hui. Mais, après tout, il y a une considération qui les justifie (disons-le sans craindre de parler comme l'auteur des *Annales du Musée*) : c'est l'*inutilité* d'une telle peinture. Géricault est bien l'artiste moderne (héritier en cela encore du davidisme) qui a rompu tous les rapports pratiques de l'art et de la vie. Quel singulier phénomène ! On dirait que, quant au rôle qu'elle peut jouer, la peinture s'éloigne alors d'autant plus de la vie contemporaine qu'elle en participe plus profondément par l'inspiration. Déséquilibre auquel seuls quelques artistes exceptionnels, comme Delacroix, échapperont — quelquefois. La fin de la peinture n'est plus qu'en elle-même et c'est assez qu'un tableau existe pour qu'il se justifie, aurait-il cent mètres de long. Le peintre ignore les contingences ; il ignore l'architecte et le décorateur ; il ignore pour qui il travaille, et ce qu'on pourra faire de son œuvre. Le tableau, né dans l'atmosphère factice de l'atelier, espère le succès, non moins factice, du Salon, et aspire à l'honneur vain d'aller dormir dans un musée.

Géricault s'imaginait, paraît-il, que l'Etat achèterait la *Méduse*. Pourquoi le roi n'eût-il pas aussi poussé l'amour des belles-lettres jusqu'à payer les frais d'impression des pamphlets de Courier ? On voulut au moins donner une meilleure application à ce talent *dévoyé*. On lui commanda un *Sacré Cœur* pour 6.000 francs. (Les deux seuls prix que l'on distribuât au Salon étaient alors de 10.000 et 4.000 francs.) Mais le sujet ne l'inspira pas. Il put faire reporter sur Delacroix, âgé de vingt-et-un ans, cet effet de la *munificence* gouvernementale.

« Profondément découragé », il songea une fois de plus à abandonner la peinture et à mener une vie aventureuse. Il voulut visiter l'Orient. Le baron Gérard auquel il confia ce projet l'en détourna. Il apprit alors que Lethière avait gagné une belle somme en confiant à un Anglais du nom de Bullock son *Brutus*, qui avait été promené de ville en ville et exposé moyennant un prix d'entrée d'un shilling dont Bullock se réservait les deux tiers. Cette circonstance le détermina. Il partit pour l'Angleterre et offrit à Bullock la *Méduse* dans les mêmes conditions. Disons immédiatement que l'opération réussit. On doit croire que l'intérêt anecdotique et politique du tableau plut au public anglais. Géricault gagna ainsi vingt-cinq mille francs.

La première lettre de Londres que cite Clément est du 23 avril 1820. Géricault ne rentra pas en France avant le début de 1822. On a peine à croire qu'il ait interrompu ce séjour pour revenir sur le continent. Et pourtant. le 16 novembre 1820, Louis David écrivait à Schnetz : « Je ne puis vous dire la joie que j'éprouve de trouver l'occasion de vous faire exprimer par l'organe de deux habiles peintres, MM. Horace Vernet et Géricault mon ravissement de les entendre vanter votre talent »[1] et Couder[2] cite (sans date) cette lettre qu'il reçut également de David : « Je me sers de l'organe de deux habiles peintres, MM. Horace Vernet et Géricault, qui m'ont ravi de joie par leur présence. Ils sont venus à Bruxelles dans l'intention de m'embrasser. Nous avons bu à la santé de ceux de mes élèves qui n'ont pas refroidi pour moi leur attachement filial. Vous êtes du nombre, cher ami ». Cette date de novembre 1820 est étrange. Doit-on lire 1819, ou 1822 ? En attendant que des documents

1. *Réunion des Sociétés des Beaux-Arts des Départements*, t. IX (1889), p. 320.
2. *Considérations sur le but moral des beaux-arts*, p. 107.

nouveaux nous éclairent, deux choses sont certaines : la réalité de ce pélerinage symbolique à Bruxelles pour embrasser David, et l'incertitude de la biographie de Géricault. Nous sommes souvent obligés de nous contenter d'à peu près. On doit particulièrement souhaiter que des découvertes nous renseignent sur la période anglaise. Quelles marques de son passage a-t-il laissées à Londres ? Peut-on trouver trace du voyage que Bullock fit faire au *Radeau de la Méduse* à travers l'Angleterre ? Géricault demeura-t-il à Londres, ou circula-t-il ? Est-il allé jusqu'en Ecosse, comme l'affirme Théodore Lebrun ? Autant de questions auxquelles nous ne pouvons répondre. Pendant dix mois, Géricault nous échappe tout à fait : entre la lettre du 23 avril 1820 et celle du 12 février 1821. L'écart est plus grand encore si c'est aux œuvres que nous nous attachons : l'achèvement de la *Méduse* est de l'automne 1819 et les dernières lithographies françaises datent également de 1819 ; or c'est en 1821 que Hullmandel publie la grande suite anglaise de douze lithographies. Entre les deux, rien. Clément parle de « quelques tableaux et un grand nombre d'importantes aquarelles » restés de l'autre côté du détroit et qui lui sont inconnus. Voilà qui viendrait fort à propos allonger la liste, un peu courte jusqu'à ce jour, des œuvres anglaises de Géricault. Le *Derby d'Epsom*, quelques études comme la petite *Course des chevaux montés* du Louvre, sept lithographies un peu molles (pour Géricault) qu'il dessina sur *stone-paper*, procédé lancé par Senefelder, vite abandonné et qui avait plu un moment parce qu'il substituait aux pierres pesantes et fragiles un carton plus maniable, enfin, les douze lithographies des « Various subjects drawn from the life and on stone », — c'est peu pour remplir deux longues années.

Sous la Restauration, les peintres français paraissent s'être remis à considérer l'Angleterre ainsi que faisaient les artistes du continent depuis le temps de Holbein : comme un pays de riches amateurs dont on pouvait tirer beaucoup d'argent. Les exemples de Lethière et de Géricault sont significatifs. Mais ces fiers disciples de David allaient connaître une école dont ils ne soupçonnaient pas l'importance. Les conditions de la vie artistique étaient, du reste, plus favorables en Angleterre et, en tous cas, plus modernes. En France, les expositions particulières et payantes n'étaient pas encore entrées dans les mœurs. David avait essayé de les introduire, mais le public n'avait admis ce procédé que tout à fait exceptionnellement et parce qu'il venait du maître. — En ce début de 1820, Isabey, inquiété à Paris par des visites domiciliaires, traversait le détroit comme Géricault : une exposition de ses œuvres avait lieu à Londres. Nombreux étaient les artistes français qui commençaient à entreprendre le voyage. Par exemple, Géricault était accompagné de Charlet, (du reste celui-ci s'ennuya et rentra bientôt en France) ; Dedreux-Dorcy alla visiter son ami en 1821 ; en 1822, Horace Vernet partait à son tour avec Barbier-Walbonne qui exprimait à Gérard, dans une lettre bien précieuse [1], son *étonnement* à la vue de la peinture anglaise. En 1823, il y avait des Français à Londres autour de Constable, pour lui conseiller d'exposer au Salon de Paris... Et ainsi commençait un mouvement qui allait avoir une telle importance durant tout le siècle ! Géricault en a été certainement un des promoteurs. Sans le vouloir, croyant seulement faire une belle affaire, il fut tout ensemble le fourrier des Français qui s'installèrent à Londres et, avec Bonington, le premier agent efficace des influences anglaises en France.

A son arrivée en Angleterre, tout pénétré de respect pour la grande peinture, il estima d'abord que l'école anglaise était pauvre : elle « ne se distingue, écrivait-il, que par des sujets de paysage, de marine et de genre » (et cela n'était pas grand'

---

1. *Lettres adressées au baron Gérard* (1886), t. I, p. 232.

chose pour quelqu'un qui arrivait avec la *Méduse* dans ses bagages). Le genre jouissait d'une vogue particulière ; la mode était aux imitateurs des petits Hollandais. Très vite, Géricault y prit goût. La perfection technique, l'éclat et la fraîcheur de cette peinture étrangère aux influences desséchantes de l'esthétique et de l'archéologie, proche de la vie familière et fidèle aux anciennes pratiques, étaient délicieux pour un élève des davidiens et des maîtres de la Renaissance ; de tels mérites le faisaient passer sur l'aspect souvent mesquin et léché. D'ailleurs si cette époque de la peinture anglaise n'était pas éclatante, resserrée entre le temps de Reynolds et de Gainsborough et le temps de Constable et de Turner, elle offrait un spectacle singulièrement attrayant pour un contemporain et pour un étranger à qui ces termes de comparaison manquaient. Il y avait le groupe des portraitistes imitateurs de Reynolds, dont la faveur officielle se détournait, mais dont le prestige aux yeux d'un Français comme Géricault était extraordinaire, et il y avait Lawrence. « Que je voudrais, écrivait Géricault à Horace Vernet, pouvoir montrer aux plus habiles même plusieurs portraits qui ressemblent tous à la nature, dont les poses faciles ne laissent rien à désirer et dont on peut vraiment dire qu'il ne leur manque que la parole ! » Il y avait Wilkie, qui l'enchantait par son art d'arriver « au dernier pathétique comme la nature elle-même ». Il y avait James Ward et son précoce élève Landseer, la révélation de l'année 1821. Il y avait Morland et ses chevaux dans l'ombre des écuries, dont l'exemple ne fut certainement pas perdu. — « Il ne faut pas rougir de retourner à l'école, concluait Géricault : on ne peut arriver au beau dans les arts que par des comparaisons. Chaque école a son caractère. Si l'on pouvait parvenir à la réunion de toutes les qualités, n'aurait-on pas atteint la perfection ?... *Ici seulement on connaît ou l'on sent la couleur et l'effet.* »

Ce contact de Géricault et de l'Angleterre présente

encore quelques particularités remarquables qui nous rendent sensibles dès cette époque les sympathies internationales de « la jeune peinture » (le terme seul est anachronique, non la chose) et l'identité des positions de part et d'autre d'une frontière, dans des milieux pourtant très différents. Certes, les Anglais à qui Géricault demandait un enseignement n'étaient pas des méconnus, mais ce n'étaient pas toujours les peintres que le public anglais préférait. Wilkie, précisément, était en train de changer de manière et de dérouter ses premiers admirateurs. Géricault éprouvait la plus profonde admiration pour Constable, qui n'était alors nullement goûté de ses compatriotes. Il rentra en France « tout étourdi d'un de ses grands paysages » ; grâce à lui et à Bonington, la réputation de Constable précéda la sensationnelle exposition de 1824, la provoqua, et ce fut le succès du grand paysagiste en France qui lui attira enfin la faveur de l'Angleterre jusqu'alors rebelle. D'autre part, Géricault, qui croyait se mettre à la mode anglaise, resta incompris de l'autre côté de la Manche comme en France. Le succès semblait venir vers le début de 1821, ainsi qu'en témoigne une lettre à Dedreux-Dorcy, mais Géricault fut bien vite détrompé. Il pensait, en représentant des chevaux, flatter les goûts des Anglais pour tout ce qui touche aux sports. Mais, écrit durement l'historien anglais de la lithographie, M. Pennell, ses ouvrages « parce qu'ils avaient un caractère d'art, essuyèrent un échec complet ». Pendant ce temps l'Angleterre raffolait des estampes de tous les petits lithographes français. En 1831, l'auteur anonyme de la « Library of the fine arts » [1] notait que les lithographies françaises « constituaient les plus agréables bagatelles des boutiques anglaises d'estampes », mais que, le goût anglais étant vicié, on n'aimait pas celles de Géricault.

Pour un Français à Londres vers 1820, la lithographie était

1. Cité par Pennell : *Lithography and lithographers*, p. 138.

un filon qu'il devait être particulièrement tentant d'exploiter. Dans cet art, l'Angleterre était, en effet, en retard sur la France. En 1819, quand l'imprimeur Hullmandel et le marchand d'estampes Ackermann traduisaient le traité de lithographie de Senefelder, le procédé nouveau était encore inconnu de la Société des Arts de Londres. En France, il faisait fureur depuis deux ans. La duchesse de Berri, le duc de Montpensier, tous les gens du monde, portaient leurs pierres à l'imprimerie du comte de Lasteyrie. Les artistes, Guérin, Isabey, Carle Vernet en tête, multipliaient leurs productions. Rentrant d'Italie en 1817, Géricault avait aussitôt suivi le courant. Très vite il avait atteint une maîtrise que ses aînés étaient loin d'égaler. Tandis qu'autour de lui, on poursuivait encore les effets de la gravure au trait, ou de la taille douce, ou d'autres techniques, il avait, en même temps que Charlet, compris, par tempérament, cet art nouveau, son caractère propre, qui était dans un rendu *savoureux* : onctueux, puissant et doux, qu'aucun procédé de gravure ne pouvait fournir. Il avait mêlé avec un instinct très sûr, tous les moyens, employant dans la même planche la plume, le crayon, la pierre additionnelle de teinte... Vigoureux, amoureux du contour ferme et gras, c'était surtout du crayon qu'il avait usé. Il avait réalisé des chefs-d'œuvre de puissance, comme le *Porte-étendard*, le *Trompette de lanciers*, les *Boxeurs*, les *Chevaux gris pommelé se battant dans une écurie*, le *Retour de Russie* (1818), et cette *Artillerie changeant de position*, qu'un soir, après avoir travaillé tout le jour à la *Méduse*, il avait enlevée dans un grand mouvement d'exaltation.

Son intention — peut-être purement mercantile au début — de plaire au public anglais, eut des effets profonds. Car Géricault, qui savait tout aimer, fut vite gagné, nous l'avons vu, aux charmes anglais. Quatre des pièces dessinées sur stone-paper, trois de la série des « Various Subjects », apportent quelque chose de tout nouveau dans son œuvre. Ce sont des sujets « de genre ». Jusqu'alors, il avait donné aux scènes de la vie une grandeur incomparable. Mais voici qu'il s'amusait à montrer des enfants qui jouent avec un âne, ou les enfants de sa propriétaire de Londres, ou des enfants encore et une femme la pipe à la bouche qui se moquent d'un marchand de poisson endormi à son étal. Et non seulement il se divertissait au spectacle de la rue anglaise d'une manière qui ne rappelait en rien l'enthousiasme provoqué naguère par la vue des bouchers de Rome, mais il s'apitoyait sur la paralytique, sur l'aveugle joueur de cornemuse égaré dans un quartier inconnu, sur le mendiant tombé de faim à la porte de la boulangerie. Dans ces trois pièces de la grande série : *The Piper*, *Pity the sorrows*... et *A paralytic woman*, en même temps qu'il cédait au sentiment des *nursery rhymes*, il abandonnait l'idéal plastique pour rechercher l'*atmosphère*. Pareillement le métier, moins « ingénu », se faisait plus ingénieux. Il perdait en force pour gagner en puissance d'expression.

Ce sens, nouveau, de l'*atmosphère*, apparaît également dans les lithographies consacrées aux chevaux, par exemple dans le *Coal Waggon*. Il se retrouve dans les peintures, dont la plus fameuse est le *Derby d'Epsom* avec son ciel chargé d'eau, (qu'il est bien significatif de comparer au ciel conventionnel de la *Méduse*), avec son herbe grasse, épaisse et mouillée, avec les vives casaques de ses jockeys, qui semblent elles-mêmes baignées d'humidité. En se livrant à ces essais, si inattendus, Géricault néanmoins continuait à faire preuve des qualités que nous lui connaissions, mais elles lui servaient dans d'autres domaines : il faisait rendre toute leur intensité aux couleurs, comme il avait donné aux formes toute leur plénitude ; suivant son instinct synthétique, il continuait à concentrer l'effet. Il éliminait le public, ne conservant que les chevaux au galop, presque à ras de terre, profilés sur l'horizon, et sur un ciel auquel communique une si forte éloquence le contraste du petit poteau blanc. L'Angleterre éclaircissait et enrichissait sa palette. Elle lui révélait cette couleur si rare : le vert. Elle le faisait user de plus d'huile. Elle substituait à sa manière sommaire un art plus habile (un peu sec) dans l'emploi des glacis et d'intelligents empâtements.

Ces innovations ne sont pas sans rapport avec la pratique de l'aquarelle, qui invite à la vivacité de l'effet, aux couleurs claires et aux notations rapides. Malheureusement, Géricault aquarelliste nous est insuffisamment connu.

Enfin, la conception qu'il avait du cheval semblait se modifier. Il cherchait moins les grands effets sculpturaux et s'attachait davantage à préciser les races. Ainsi, de toutes les manières, l'Angleterre pensait faire de lui un *vériste*, — comme on disait il y a quelque vingt ans.

◘

Géricault dut s'apercevoir que le public anglais ne lui était pas plus favorable que le français. Il eut des difficultés avec Hullmandel, provoquées peut-être par son peu de succès. On place avec vraisemblance son retour en France au début de 1822. Reconnaissons néanmoins que la première date dont nous soyons assurés est tardive (ce qui ne prouve rien) : le 30 août, Delacroix parle, dans une lettre à Pierret, d'un règlement d'argent avec Géricault.

Notre ignorance nous fait paraître vides d'événements et d'œuvres les deux années d'Angleterre ; cette même ignorance rend confuses pour nous les deux dernières années et nous empêche de nous reconnaître clairement dans une activité désordonnée, une succession d'accidents et une production fébrile. Nous donnerons comme la plus vraisemblable des hypothèses un tableau de ses derniers mois qui nous paraît tenir compte de tout ce qu'on sait à l'heure actuelle.

Géricault rentra malade d'Angleterre. Cette maladie, contre

laquelle il fit appel, trop tard, aux soins de Dupuytren, fut compliquée de toutes sortes d'accidents qui tirèrent d'elle leur gravité. Il avait contracté une sciatique durant une promenade sur la Tamise et ne s'en était pas complètement remis. Il se plaignait aussi de la poitrine. « Il éprouvait une sorte de lassitude physique et morale ». Clément ajoute : « Il y avait alors, me semble-t-il, dans tout son être, un trouble, difficile à définir, mais impossible à méconnaître, qui ne devait pas tarder à être aggravé par un accident très sérieux qui lui arriva peu de mois après son retour d'Angleterre ». L'accident, c'est, on le sait, la chute de cheval sur un tas de pierres à la barrière de Paris, en revenant de Montmartre. « Il resta longtemps très souffrant ; il avait un abcès dans le côté gauche. Son médecin, méconnaissant la nature ou la gravité de son mal, lui ordonna de l'exercice. Il fait alors imprudence sur imprudence, et va à Fontainebleau. En route, le cabriolet se brise. Il s'obstine à continuer son voyage à cheval... La fatigue empira beaucoup son état. Quelques jours après, étant allé au Champ-de-Mars voir les courses, il eut une rencontre, fit un effort pour retenir son cheval ; l'abcès fusa et se répandit dans la cuisse ». Dedreux-Dorcy le convainquit alors de se retirer chez lui (rue du Helder ou rue Taitbout) pour se soigner. Il resta chez son ami quelques mois, selon Clément, après quoi, se croyant guéri, il rentra rue des Martyrs. Mais alors la maladie le terrassa, et il se coucha pour ne plus se relever. Février 1823. Charles Blanc écrit que le séjour chez Dorcy dura « une année environ ». Version que nous adopterions volontiers. Mais, en tous cas, la date de février 1823, répétée par tous les historiens sur la foi de Clément, est fausse. On lit, en effet, dans le *Journal* de Delacroix, au mercredi 21 mai 1823 : « Géricault est venu me voir. J'ai été ému à son abord : sottise. » (Que signifie la seconde phrase ?) Il est donc certain que Géricault sortait encore à la fin de mai 1823. Il n'a pas été alité onze mois, comme Montfort l'a écrit à Clément, peut-être à la légère, mais au plus sept, ce qui allonge très opportunément sa vie active [1] pour expliquer, malgré tant d'interruptions et de troubles, l'abondance de ses dernières œuvres. Il eut même, dans les derniers temps de son séjour chez Dorcy et aussitôt après son retour chez lui, une période vraiment heureuse, durant laquelle il fit avec des amis des courses à la campagne et travailla joyeusement. C'est le moment trop bref où il s'épanouit, avec l'allégresse du convalescent, et avant que le retour lent de la mort apporte au stoïque une lucidité complète, mais vaine, qui « éclaire sans réchauffer », comme les conseils du vieillard selon Vauvenargues.

Avant cette période, les mois qui suivent le retour d'Angleterre, puis l'époque des accidents, sont agités. Géricault se lance avec Dorcy dans des spéculations : il confie dix mille francs à un agent de change de ses amis, qui les mange ; il s'intéresse dans une fabrique de pierres artificielles à Montmartre, qui ne réussit pas. On s'accorde à dire qu'il perd alors toute sa fortune. Charles Blanc nous le montre chez Dorcy préoccupé de ses dettes qu'il ne peut régler. Delacroix témoigne : « Je l'ai vu presque poussé par la nécessité, heureux de vendre à des prix médiocres d'admirables esquisses ou tableaux ». Mais cela ne peut être que dans les derniers mois : aussitôt après son retour en France, il mène une vie brillante, au-dessus de ses moyens. Il va beaucoup dans le monde, entretient une écurie de plusieurs chevaux. Il fait pour son art des sacrifices où l'on ne peut s'empêcher de voir un singulier excès : il paye à Gros 2.000 francs le droit de faire copier les esquisses d'*Eylau* et du *Mont-Thabor*. On dirait qu'il a perdu son contrôle, et qu'il s'agite pour se faire illusion. Songeons que pendant ce temps il souffre physiquement. Ajoutons que, malgré toute sa simplicité et sa modestie,

1. Il est mort le 18 janvier 1824.

sa susceptibilité d'artiste ne peut manquer d'être touchée. Montfort l'a vu affecté du mépris d'un marchand. L'incompréhension lui pèse maintenant d'autant plus qu'il commence à être goûté par les amateurs, des indices le lui prouvent. Nous n'avons pas dit à quelle indifférence son œuvre s'était heurtée. Il suffit de voir la place minime ou nulle que Delpech, l'imprimeur de ses premières lithographies, lui faisait dans ses albums annuels. Il suffit de constater la rareté des exemplaires de ses plus belles pièces, qu'on imprimait par grâce. Il était si peu connu que souvent on écrivait son nom « Jéricho », et cela encore en 1823 dans le *Voyage Pittoresque de la France* de Taylor et Nodier. Mais voici qu'il commence à percer. Il connaît cet étonnement que tant d'artistes manifesteront au cours du siècle : l'étonnement de trouver acheteur ! « Le colonel Bro et M. Dedreux-Dorcy, rapporte Charles Blanc (le voyant inquiet de ses dettes), lui proposèrent de leur laisser vendre quelques tableaux ; ils en firent, en effet, une spéculation fort heureuse et réalisèrent en quelques jours 13.000 francs. Ce fut pour Géricault un grand sujet de stupéfaction. Dans les scrupules de sa modestie, il accusait ses amis d'avoir grossi le chiffre de la vente ».

Le désarroi que nous croyons remarquer dans la vie est sensible dans l'œuvre. Géricault peint le *Four à Plâtre* du Louvre, de cette manière âpre et robuste, avec cette palette volontairement pauvre, ce relief puissant, cette largeur du trait et cette épaisseur de la pâte qui ne nous étonnent pas chez l'auteur des *Carabiniers*, avec, en même temps, une technique plus souple, plus nuancée qu'il doit sans doute à l'Angleterre. Mais, d'autre part, il se laisse aller à la facilité. Il prodigue un peu trop les images orientales, toujours charmantes, que nous regrettons cependant ; pour un Horace Vernet, elles seraient des chefs-d'œuvre, mais auprès des moindres études antérieures de Géricault, elles nous paraissent superficielles et clinquantes. Dans ses illustrations de Byron, même dans la célèbre et belle lithographie du *Giaour*, nous déplorons l'absence de cet accent qui émeut d'ordinaire chez Géricault et, par comparaison, elles nous semblent agitées, confuses. Lithographe, il cherche souvent l'agrément plutôt que la force. Et puis il se prête à l'inspiration troubadour et romance. Lui qui s'était formé à l'époque où le Musée des Monuments français et son peuple de statues pâles sous des voûtes sombres émouvait jusqu'aux larmes la génération de Delacroix et de Michelet, où Granet, Revoil et les peintres lyonnais sortaient de l'atelier de David pour hanter les monastères abandonnés et les gothiques donjons, lui qui semblait pourtant être passé sans rien voir de tout cela, le voilà qui se met à dessiner des chevaliers d'opéra-comique, qui représente pour Taylor Guillaume le Conquérant rapporté après sa mort à l'église Saint-Georges de Boscherville, ou l'église Saint-Nicolas de Rouen... Enfin, il se livre à des recherches nouvelles de coloriste, plus originales encore que celles qu'avait provoquées l'Angleterre. Nous n'en connaissons, à vrai dire, que deux témoins, mais qui suffisent : le tableau de l'*Epave*, du musée de Bruxelles, et l'esquisse de ce tableau, à Rouen. La femme couchée sur la grève fait penser à Prud'hon, le fond à un beau Girodet, mais il y a dans la mer ces tonalités d'un bleu vert et, dans la robe de la femme, ce rouge s'exaltant avec le vert, qui annoncent Delacroix.

Dans quelle voie se dirige donc Géricault ? Remarquons d'abord qu'il aime sans doute à diversifier sa manière, systématiquement, suivant le sujet qu'il traite, les dimensions et la technique, ce qui est un des privilèges de la maîtrise. Cette diversité n'est donc pas seulement un effet de son agitation passagère. Elle va de pair avec les qualités de chef d'atelier. A cette époque, chose remarquable peut-être, Géricault associe à son travail des amis qui ont une formation analogue à la sienne, comme Léon Cogniet, son camarade de l'atelier Guérin, et ses élèves : Robert Fleury, Eugène Lami, Lehoux, Jamar et Montfort. Par exemple, il dirige la copie par Cogniet et par Volmar de ses lithographies anglaises ; il fait copier par Lehoux et par Montfort les deux esquisses de Gros.

Parmi les tendances contradictoires, on reconnaît des constantes. « Je tiens de M. Cogniet, écrit Clément dans le catalogue des lithographies, que Géricault n'était pas satisfait de la suite anglaise. Il trouvait que dans ces planches, *la lumière était trop disséminée.* Il recommandait à ses collaborateurs d'élaguer le blanc qui se trouvait dans les noirs, de renforcer les ombres, *de manière à donner plus de franchise et quelque chose de plus gras au travail.* Il a lui-même *remis des vigueurs* au crayon dans toutes les planches, et presque tout le travail de grattoir est de lui ». Voilà la réaction contre les influences anglaises. Il retrouve ces « contrastes de lumière et d'ombre » que Guérin lui reprochait déjà, les *vigueurs* et le *quelque chose de gras.* Cela est sensible dans maintes peintures, par exemple dans certaines petites toiles brossées avec la fureur d'autrefois, comme le *Mazeppa* qui appartient au duc de Trévise. Mais ce qui est intéressant, c'est de constater que, dans les œuvres plus importantes, ces caractères auxquels il revient se concilient fort bien avec son habileté nouvelle (le *Four à Plâtre* le prouve, nous l'avons dit), et avec une grande richesse de couleurs. Nous verrions volontiers dans une toile qui fut exposée à la galerie Knoedler en mai 1924 : *Trompette de chasseurs de la garde impériale en vedette,* la facture que Géricault eût employée pour peindre les compositions qu'il projetait. Un tel tableau fait entrevoir que Géricault fondait en une savoureuse et forte unité les résultats de ses expériences successives.

Ce qu'il y a de plus nouveau en cette dernière période, c'est, pensons-nous, la recherche heureuse de la nuance. Sauf quand il dessine certains croquis ou quand il peint certaines toiles, petites de format et de caractère exceptionnel, Géricault ne croit plus qu'une manière sommaire soit nécessaire à l'expression de la force. Nous venons de dire qu'il modèle énergiquement et qu'il accentue les contours, mais il donne à son trait et à sa touche une délicatesse dont il ne se souciait pas naguère. Ses compositions — si l'on en peut juger par les premières idées de l'*Ouverture des portes de l'Inquisition* et de la *Traite des Nègres* — continuent à être bien équilibrées et éloquentes, mais elles sont plus libres ; elles ne paraissent plus se ressentir des préoccupations inspirées par Guérin, et rappelleraient plutôt les baroques par une sorte d'enchaînement aisé de leurs éléments. Dans le dessin, Géricault n'a plus à craindre le détail menu ; il s'y arrête volontiers, sans compromettre l'unité de l'effet ; que l'on considère, par exemple, la facture de l'*Homme en costume arménien*, ce charmant dessin, minutieux et large, légèrement teinté d'aquarelle (de la collection Bonnat). Dans la peinture, ces tendances sont plus manifestes encore, et c'est pour les faire remarquer que nous citerons ici les fameux portraits de fous ; ils évoquent pour nous le souvenir de Goya, non seulement par l'intensité de leur expression, mais aussi, malgré des moyens différents, par la transparence de leur matière et par leur autorité sans lourdeur. Géricault atteint à ce degré de la maîtrise, où l'on obtient avec des nuances l'effet hardi que l'on attendait d'abord d'une simplicité un peu fruste.

◘

Le tragique de sa destinée, c'est qu'il trouve ainsi sa forme au moment où ses moyens lui manquent. Toute son œuvre n'est qu'une préparation. Nous devons imiter les archéologues qui, étudiant une cathédrale inachevée, lui restituent par la pensée de hautes tours aux endroits où ils remarquent des piles d'une robustesse exceptionnelle. Une part d'incertitude entre dans nos hypothèses comme dans les leurs. Qu'est-ce que Géricault nous laisse ? Les essais d'un jeune homme dont la carrière active se termine à trente-et-un ans. Ils annoncent de grandes choses. Dans sa dernière période, bien que les œuvres définitives n'aient pas été réalisées et malgré ce que nous avons appelé le désarroi, il y a mieux que de simples indices pour nous permettre de croire à un épanouissement.

Il a la certitude. Nous avons dit dès le début qu'il se croit appelé à guider ses jeunes camarades dans « la route sûre et vraie ». Nous sommes frappés par son autorité naissante de chef d'école. Il inspire le respect à qui l'approche. Il projette de livrer au public des « considérations sur l'état de la peinture en France » (dont il ne peut écrire malheureusement que quelques pages).

Il a la compréhension universelle. Pour lui, le principe de l'art est « un grand amour ». Sa vie, ses paroles, son œuvre, tout proclame son éclectisme. Le libéralisme de son esprit ne se limite pas aux choses de la peinture. Il a l'amour de la vie. Il partage les passions de son siècle. Il a le goût des autres arts, soit qu'il en jouisse en amateur, comme de la musique et de la poésie, soit qu'il y excelle, comme en sculpture. Il a cette curiosité du *connaître*, qui, soutenant et contrôlant la passion du *faire*, révèle un savant, au moins en puissance, dans l'artiste (les portraits de fous, les planches anatomiques, le cheval écorché, en font foi). Peintre, il veut être complet : également soucieux de la beauté des ordonnances et des mérites du métier ; peintre de morceaux, il n'est pas moins possédé de cette préoccupation du *sujet*, que l'on traite volontiers de « littéraire », mais qui est nécessaire dans les grandes entreprises et grâce à laquelle les œuvres sont tout à fait humaines, en parlant à la raison et à l'imagination aussi bien qu'aux yeux. Il lui manque les qualités *rares* qui séduisent chez un Ingres ou chez un Delacroix.

C'est qu'en lui domine le bon sens et en eux le don poétique. Auprès de lui, Delacroix paraît féminin et Ingres « chinois ». Il n'a ni leur charme, ni leur singularité, il ne connaît pas leurs inquiétudes. Il a l'autorité d'une tête bien faite et d'une généreuse nature.

Néanmoins de telles qualités, si précieuses qu'elles soient, se rencontrent souvent unies chez d'agréables génies qui ne s'élèvent pas au-dessus du niveau ordinaire. Mais Géricault possède des caractères qui révèlent la race. D'abord l'aisance dans le grand. Et quand il s'agit d'un peintre, on ne doit pas craindre de prendre ce mot de *grand* dans son sens le plus matériel. Les conditions des vastes ouvrages excluent la médiocrité. Il faut la clarté de la pensée plastique, l'ampleur et la fermeté du dessin, la vigueur de la facture, le sens de l'accord, la décision. Tout cela, Géricault le possède. Aussi appelle-t-il de ses vœux les murailles à couvrir. Il meurt en rêvant à des décorations immenses, qu'il aurait réalisées « avec des seaux de couleur et des balais pour pinceaux ». Bien plus, en essayant de nous le représenter, peignant la *Méduse*, dans des dimensions énormes, de proche en proche, par vastes morceaux successifs, un par jour, et exécutés très vite avec une huile très siccative, nous ne pouvons nous empêcher de croire qu'il n'a pas trouvé sa technique : il est né pour la fresque.

Mais comment désigner sa plus féconde qualité ? C'est Delacroix qui a trouvé les meilleurs termes : « ce nerf, écrit-il, cet osé, qui est à la peinture ce que la *vis comica* est à l'art dramatique » A l'origine de ses œuvres il y a le brusque éclair qui transfigure les spectacles de la vie ; un cheval se cabre sous le soleil, dans la poussière, et Géricault conçoit l'*Officier de chasseurs* ; il brosse le *Passage du Ravin* en revenant d'assister à des exercices d'artillerie ; les chevaux barbes du Corso l'ont transporté d'enthousiasme. Les moyens dont il use pour traduire son impression sont souvent aussi audacieux qu'elle est vive. Que l'on considère, par exemple, dans ses dessins certains chevaux ; ils n'ont même plus de contours, ils ne sont que tourbillons [1]. Et sans doute il ne se contente pas de ce premier jet. Mais il ne l'affaiblit jamais en le réglant. Tout en lui, donne le sentiment de ce « nerf », de cet « osé ». C'est bien le don de vie.

Nous sommes heureux de rencontrer ici Delacroix une fois de plus. Il nous permet d'accuser par un contraste un trait essentiel de notre peintre. Le « nerf », l' « osé », Géricault, et Delacroix, et tous les grands créateurs, en sont doués. Mais la *vis comica* prend chez Géricault un caractère qu'elle n'a nullement chez Delacroix. Une comparaison littéraire nous aidera à rendre compte de ces réalités plastiques. Tout écrivain sait par expérience que si, dans son effort pour posséder ses pensées, les amener à la pleine lumière et leur donner la force convaincante de l'évidence, il les ordonne selon leur hiérarchie et les enchaîne suivant leur mouvement naturel, il tend à la forme oratoire ; il a beau la fuir, elle renaît de la logique même des pensées : de leur *ordre* et de leur *mouvement*, comme dit Buffon ; un moment peut même arriver où l'esprit, méditant les idées jusqu'à leur pleine maturité, les anime d'une vie si claire et si distincte qu'elles prennent corps, que l'auteur abandonne leur discours pour leur dialogue et voit se développer leur drame. Certains esprits, plus analytiques, ignorent ce souci du mouvement et de l'ordre, ou, le partageant, ils en craignent la tyrannie ; ils veulent l'évidence de chaque idée particulière plus que des rapports. Ou encore, ils ont un certain don d'enchantement, qui n'est nullement oratoire : qui est le don poétique. Tandis que Delacroix possède ce don, Géricault a le génie oratoire. Il le pousse jusqu'au génie dramatique. En

1. Un exemple très caractéristique est le cheval de droite dans le dessin aquarellé du Louvre : revue passée par Louis XVIII devant l'Ecole Militaire.

ce sens particulier, auquel Delacroix n'a sans doute pas songé, il a vraiment la *vis comica.* Comparons une fois encore l'esquisse des *Barberi* que possède Mme Tordeux et celle du Louvre : nous voyons l'*ordre* se faire plus clair, le *mouvement* se rythmer. Alors, que se passe-t-il, et que va-t-il se passer ? Si Géricault allait jusqu'au bout de son effort logique, nous le verrions dégager de la toile de nouveaux *Chevaux de Marly*, comme sous la plume de notre écrivain l'essai se transforme en discours, et le discours en drame. Hypothèse ? Mais non ! Il a franchi la dernière étape. Il est sculpteur.

Lui, qui modèle en peinture, dont le dessin est souvent celui d'un sculpteur (ce trait pareil à un « fil de fer » qui détache énergiquement les masses, — le trait de Michel-Ange), il en vient à sculpter la pierre. La plus connue de ses œuvres en cette technique est une ronde bosse, le *Satyre et la Nymphe*, que l'on appelle aussi *Jupiter et Antiope*, aboutissement d'une série nombreuse de dessins, « groupe sculpté *du premier coup*, dans une pierre commune », lisons-nous au catalogue de Clément. On cite encore un *Bœuf terrassé par un tigre*, un *Nègre qui brutalise une femme*, la maquette d'une *statue du Tzar Alexandre*, le bas-relief d'un *Cheval arrêté par un homme.* Géricault sculpta ce dernier « sur une pierre de son atelier de la rue des Martyrs. Il s'était mis au travail d'inspiration, creusant le moellon à la grâce de Dieu, avec un ciseau de menuisier. M. Jamar, voyant son embarras, monta la rue des Martyrs, et trouva près de la barrière, des tailleurs de pierres qui lui vendirent quelques outils. C'est avec ces instruments grossiers que Géricault termina son ouvrage ».

Ce bas-relief est de 1819. Nous ne savons les dates des autres morceaux de sculpture. Rien ne permet de dire si Géricault en exécuta durant ses derniers mois. Et pourtant c'est par de telles remarques qu'il nous faut terminer l'étude de cet artiste, car peu importe en cela la succession des temps : Géricault, de toute la logique de son instinct, est conduit à la sculpture : et par cet appel direct de la vocation qui le fait s'acharner tout à coup sur une pierre de son atelier, et par la mise au point laborieuse de ses œuvres peintes.

S'il nous est permis de prolonger dans l'inconnu des directions que nous croyons assez nettes, nous imaginons le Géricault de la maturité comme un sculpteur, doublé d'un peintre qui eût été à la fois un grand décorateur (à fresque ? — mais pour cela il lui eût fallu être servi par des circonstances matérielles et, comme Victor Mottez, retrouver dans les vieux traités les secrets de la technique), un réaliste, exécutant de morceaux très finis (comme ses fous, son *Nègre* de la collection Ackermann), un intarissable improvisateur d'études inachevées et de croquis ; enfin le lithographe que nous connaissons.

◘

La variété des peintres qui, durant tout le XIXe siècle, purent se réclamer de son exemple, suffirait à rendre sensible sa complexité. Mais le fait même que chacun d'eux ne sut recueillir qu'une parcelle de l'héritage prouve qu'ils n'en comprirent pas la valeur. On ne les vit pas, on ne les voit pas, souffrir de leurs trop strictes limites, alors que l'essentiel du message de Géricault avait été : « Il faut un grand amour ». A vrai dire, la mort ne lui avait pas permis d'accomplir sa mission. Il n'avait laissé aucune œuvre importante qui manifestât cette union généreuse de dons divers qu'il paraissait appelé à réaliser. Nous ne voulons pas voir le seul effet du découragement et de la modestie, mais bien un jugement lucide sous une forme excessive, dans le cri qui lui échappait à son lit de mort : « Si j'avais seulement fait cinq tableaux ! Mais je n'ai rien fait ! absolument rien ! » Au point où il était arrivé, le *Chasseur*, le *Cuirassier*, les *Barberi*, la *Méduse* même, devaient lui apparaître comme les premières indications de l'œuvre à faire.

Ses cadets ne virent dans son exemple qu'un stimulant. Ils imitèrent son audace, sans comprendre sa raison. Il fut pour eux avec Gros, avec Prudhon et, en un domaine particulier, avec Georges Michel, l'initiateur « qui autorisait toutes les nouveautés ».

Elle est particulière au XIXe siècle, croyons-nous, les deux siècles précédents n'en offrent pas d'exemple, cette ferveur d'une génération pour quelques prédécesseurs immédiats. Géricault joua, auprès des jeunes de 1830, le même rôle de patron que conférèrent à Cézanne, à van Gogh, à Gauguin et à Seurat les peintres de 1920.

Son masque « énergique et ravagé », « légèrement ironique », était accroché au mur de l'atelier. On le trouvait encore au milieu du siècle dans le bric à brac de Coriolis, l'amant de Manette Salomon. Il resta le confident de l'artiste jusqu'au temps de Jules Breton, et ne se réduisit en poussière qu'avec les dernières cendres du romantisme.

Les *rugissements* de M. Ingres contribuaient comme l'enthousiame de Delacroix à classer Géricault *romantique*. D'ailleurs, ç'avait été dans une note nécrologique qui lui était consacrée que le mot de « romantique » avait enrichi pour la première fois le vocabulaire des arts plastiques. Lorsque Delacroix peignait les *Massacres de Scio*, il s'exaltait au souvenir de son ami : « Combien ce pauvre Géricault aimerait cette peinture ! » Et sans doute ne s'abusait-il pas. Mais, deux ans plus tard, lorsque l'exposition au profit des Grecs fut une défaite pour les romantiques, Vitet, qui critiquait Delacroix avec férocité, ne se contredisait pas en louant Géricault comme un classique.

C'étaient également des descendants authentiques, que les petits maîtres, habiles à saisir le mouvement, charmés par la mode, agréables peintres à la matière savoureuse :

les Alfred de Dreux, les Eugène Lami. N'était-ce pas à lui qu'ils devaient d'être plus *peintres* que Carle Vernet ? Lami n'était-il pas, du reste, un élève de Géricault ?

Parallèlement, un Raffet lui devait le sens épique autant qu'à Gros. Géricault avait introduit aussi dans l'art un élément nouveau : l'expression pathétique, âpre et morne de la servitude et de la grandeur militaires. Le peintre du *Carabinier* de Rouen a précédé le poète du *Cachet rouge* et de la *Veillée de Vincennes*. Un Boissard de Boisdenier, un Trutat peignant le portrait de son père, un Guillaume Régamey, allaient retrouver cet accent.

Mais nous ne voulons pas analyser l'influence de Géricault au cours du siècle. Il nous faut au moins noter que son œuvre a été semblable à ces monuments inachevés, ruines anticipées, qui servent de carrières inépuisables en matériaux magnifiques. Ses carnets ont rempli cet office. Ary Scheffer, par exemple, en prêta un à Etex qui en décalqua une vingtaine de croquis pour soutenir sa verve et s'approvisionner en idées plastiques. Etex remarque à ce propos que « la plupart des peintres et des sculpteurs modernes obtiennent en copiant Géricault leurs principaux succès ». Delacroix même ne dédaignait pas de consulter ces croquis grands comme le pouce.

A travers la période lyrique du romantisme, la parenté de Géricault est beaucoup plus étroite avec la génération réaliste qu'avec cette génération intermédiaire. La puissance, l'ampleur naturelle, l'épaisseur du trait, le modelé sculptural, les violents contrastes et une sorte de grandeur épique rattachent à Géricault un Barye, un Daumier. C'est de lui que procèdent les réalistes directs : un Courbet, un Manet. Il est certainement dans l'école française leur ancêtre le plus proche. Et cependant, sur un autre plan, l'éclectisme instinctif et raisonné d'un Chassériau nous rappelle le sien.

Aujourd'hui, cette grande figure prend un relief singulier.

Nous ne pensons pas que, depuis 1830, il ait joui d'une pareille faveur. L'auteur des *Barberi* répond au besoin de rigoureuse « construction » qui s'est emparé de nombreux artistes, pendant que l'auteur de tant de croquis, de tant de violentes gouaches, de tant d'ébauches furieuses, apparaît aux « fauves » comme l'un des leurs. Nous appelons maintenant de nos vœux le jour — se lèvera-t-il jamais ? — où les uns admireront Géricault parce qu'il a tendu vers la réalisation d'un ordre qui ne fût pas arbitraire et les autres parce qu'il a dompté en lui le « fauve », où la leçon de Géricault, comme celle des anciens maîtres et comme celle de Delacroix, sera tout à fait salutaire en persuadant qu'une œuvre n'a sa force, n'a sa grandeur que si d'abord elle est riche.

NOTE BIBLIOGRAPHIQUE

BATISSIER.	*Géricault.* Rouen, s. d.
CHARLES BLANC.	*Géricault* dans l'*Histoire des peintres, Ecole française,* t. III. Paris, 1863.
CHARLES CLÉMENT.	*Géricault, étude biographique et critique, avec le catalogue raisonné de l'œuvre du maître.* Paris, 1868 (3e édition, 1879).
ETEX.	*Les trois tombeaux de Géricault.* Paris, 1885.
LÉON ROSENTHAL.	*Géricault* dans la collection *Les Maîtres de l'Art.* Paris, s. d.
THÉODORE LEBRUN	Lettre adressée, probablement, à Batissier en 1836, publiée par Tourneux dans le *Bulletin de la Société de l'Histoire de l'Art français,* 1912, p. 56 à 64.
LOYS DELTEIL.	*Le peintre-graveur illustré, Géricault.* Paris, 1924.

Sont annoncés, des ouvrages de MM. le duc de Trévise et Pierre Dubaut, de M. Maximilien Gauthier et de M. Otto Grautoff.

TABLE DES PLANCHES [1]

1. Les photographies des œuvres reproduites dans ce volume proviennent pour les planches 4, 6, 10, 12, 13, 14, 15, 16, 21, 22, 25. 32, 33, 34, 37, 40, des ateliers Giraudon, pour les planches 24, 31, 35, 36, 38, des ateliers des Archives photographiques, pour les planches 1, 7, 11, 17, 18, des ateliers P. Valle à Rouen, pour les planches 3, 5, 19, 23, 26 des ateliers Braun, pour les planches 2, 39, des ateliers de la Librairie de France, pour les planches 27, 30, des ateliers Bulloz, pour la planche 8, des ateliers Durand-Ruel ; la photographie de la planche 29 a été communiquée par L. Réau.

PLANCHE 11
LA COURSE DE CHEVAUX LIBRES 1817
(Musée de Rouen)

PLANCHE 12
HOMME TERRASSANT UN TAUREAU (dessin à la plume). *(Musée du Louvre)* 1816-1817

PLANCHE 13
LEDA (sépia). *(Musée du Louvre)* 1816-1817

PLANCHE 14
CHASSE AU CERF (sépia) 1816-1817
(Musée du Louvre)

PLANCHE 15
ENLÈVEMENT DE DÉJANIRE (dessin à la plume). *(Musée du Louvre)* 1816-1817

PLANCHE 16
FANTAISIE (dessin à la plume) 1816-1817
(Bibliothèque de l'Ecole des Beaux-Arts)

PLANCHE 17
LE RADEAU DE LA MÉDUSE (projet abandonné). *(Musée de Rouen)* 1819

PLANCHE 18
LE RADEAU DE LA MÉDUSE (première idée, dessin à la plume) 1816
(Musée de Rouen)

PLANCHE 19
LE RADEAU DE LA MÉDUSE (esquisse) 1819
(Musée du Louvre, collection Moreau-Nélaton)

PLANCHE 20
LE RADEAU DE LA MÉDUSE 1819
(Musée du Louvre)

PLANCHE 21
ARTILLERIE A CHEVAL CHANGEANT DE POSITION (lithographie) 1819

PLANCHE 22
CHEVAUX SE BATTANT DANS UNE ÉCURIE (lithographie) 1819

PLANCHE 23
LE DERBY D'EPSOM. *(Musée du Louvre)* 1821

PLANCHE 24
COURSE DE CHEVAUX MONTÉS 1821 ?
(Musée du Louvre)

PLANCHE 25
THE FLEMISCH FARRIER (lithographie) 1821

PLANCHE 26 LE FOUR A PLATRE. *(Musée du Louvre)* 1822-1824

PLANCHE 27 FOU. *(Musée de Gand)* 1822-1824

PLANCHE 28 FOLLE. *(Musée de Lyon)* 1822-1824

PLANCHE 29 TÊTE DE NÈGRE. *(Collection Ackermann)* 1822-1824

PLANCHE 30 TÊTE DE NÈGRE. *(Musée de Rouen)*

PLANCHE 31 HOMME EN COSTUME ARMÉNIEN (dessin aquarellé) 1822-1824
(Musée Bonnat à Bayonne)

PLANCHE 32 HANGAR DU MARÉCHAL-FERRANT (lithographie) 1823

PLANCHE 33 CHEVAUX A LA PROMENADE (aquarelle) 1822-1824 ?

PLANCHE 34 CHEVAL DE COURSE (aquarelle) 1822-1824 ?

PLANCHE 35 LE TRIOMPHE DE GALATHÉE (dessin)
(Musée Bonnat à Bayonne)

PLANCHE 36 CERF ASSAILLI PAR DES CHIENS (dessin). *(Musée Bonnat à Bayonne)*

PLANCHE 37 ACADÉMIES (dessins)
(Bibliothèque de l'Ecole des Beaux-Arts)

PLANCHE 38 ÉTUDE D'ÉCORCHÉ VU DE DOS (dessin) *(Musée Bonnat à Bayonne)*

PLANCHE 39 JUPITER ET ANTIOPE (dessin)
(Collection Pierre Dubaut)

PLANCHE 40 JUPITER ET ANTIOPE
(d'après l'épreuve en plâtre appartenant à M. Emmanuel Hannaux)

PL. I PORTRAIT DE L'ARTISTE PAR LUI-MÊME.
PORTRAIT OF THE ARTIST BY HIMSELF.
SELBSTBILONIS.
RITRATTO DELL' ARTISTA DA LUI STESSO PINTC.
RETRATO DEL ARTISTA POR ÉL MISMO.

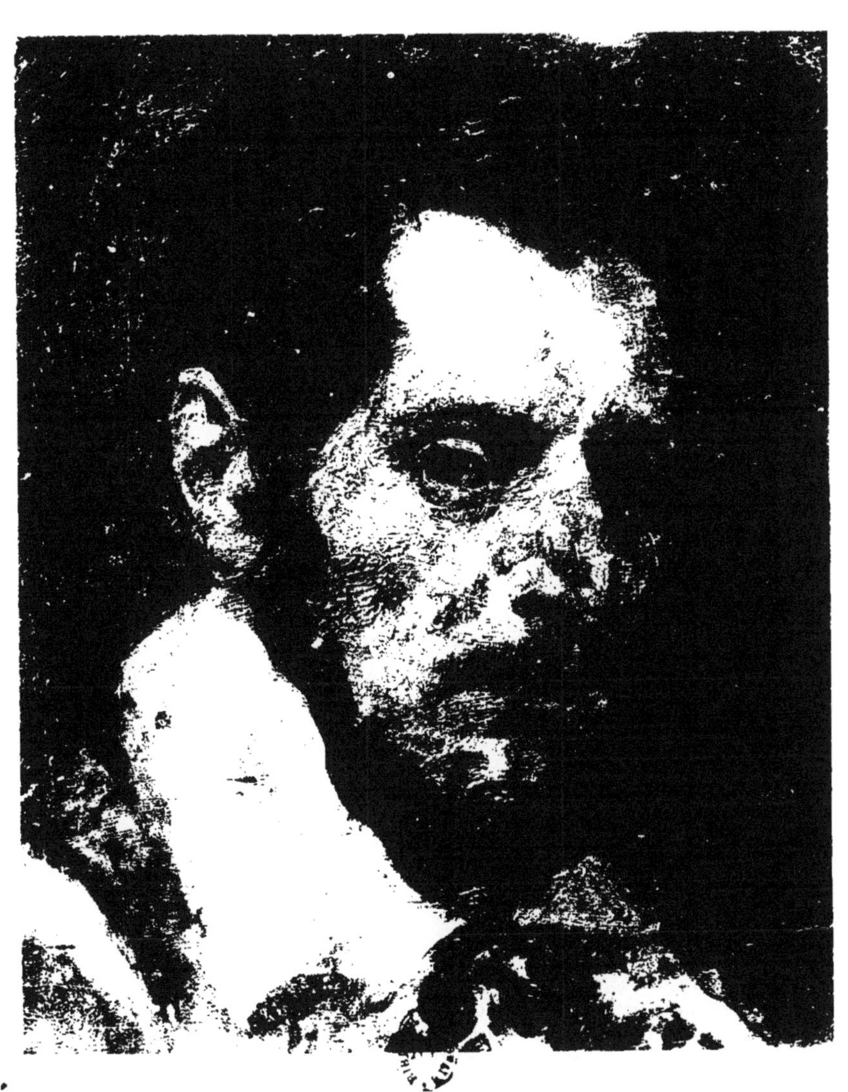

PL. 2. HOMME TENANT UN CASQUE (DESSIN).
A MAN HOLDING A HELMET (DRAWING).
MANN EINEN HELM HALTEND (ZEICHNUNG).
UOMO TENENTE UN' ÉLMO (DISEGNO).
HOMBRE CON UN CASCO EN LA MANO (DIBUJO).

PL. 3. OFFICIER DE CHASSEUR DE LA GARDE IMPÉRIALE CHARGEANT.
A "CHASSEUR DE LA GARDE IMPÉRIALE" OFFICER CHARGING.
JEAGER OFFIZIER DER KAISERLICHEN GARDE BEIM ANGRIFF.
UFFICIALE DI CACCIATORI DELLA GUARDIA IMPERIALE ATTACCANTE.
OFICIAL DE CAZADORES DE LA GUARDIA IMPERIAL ATACANDO.

PL. 4. CUIRASSIER BLESSÉ (ESQUISSE PEINTE).
A WOUNDED CUIRASSIER (SKETCH IN COLOURS).
VERWUNDETER KURASSIER (BEMALTE SKIZZE).
CORAZZIÉRE FERITO (ABBOZZO PITTO).
CORACERO HERIDO (BOSQUÉJO PINTADO).

PL. 5. CUIRASSIER BLESSÉ QUITTANT LE FEU.
A WOUNDED CUIRASSIER TURNING AWAY FROM THE BATTLEFIELD.
VERLETZTER KURASSIER DAS SCHLACHTFELD VERLASSEND.
CORAZZIÉRE FERITO LASCIANTE IL FUOCO.
CORACERO HERIDO RETIRANDOSE DE LA LINEA DE FUEGO.

PL. 6. OFFICIER DE CARABINIERS.
A RIFLES OFFICER.
KARABINIEROFFIZIER.
UFFICIALE DI CARABINIÉRI.
OFICIAL DE CARABINEROS.

PL. 7. OFFICIER DE CARABINIER.
A RIFLES OFFICER.
KARABINIEROFFIZIER.
UFFICIALE DI CARABINIÉRI.
OFICIAL DE CARABINEROS.

PL. 8. LA CHARRETTE DE BLESSÉS.
THE CART OF THE WOUNDED.
WAGEN MIT VERWUNDETEN.
LA CARRETTA DI FERITI.
LA CARRETA DE HERIDOS.

PL. 9. LA COURSE DE CHEVAUX LIBRES.
THE FREE HORSES RACE.
RENNEN UNBERITTENER PFERDE.
LA CORSA DEI CAVALLI LIBERI.
LA CARRERA DE CABALLOS LIBRES.

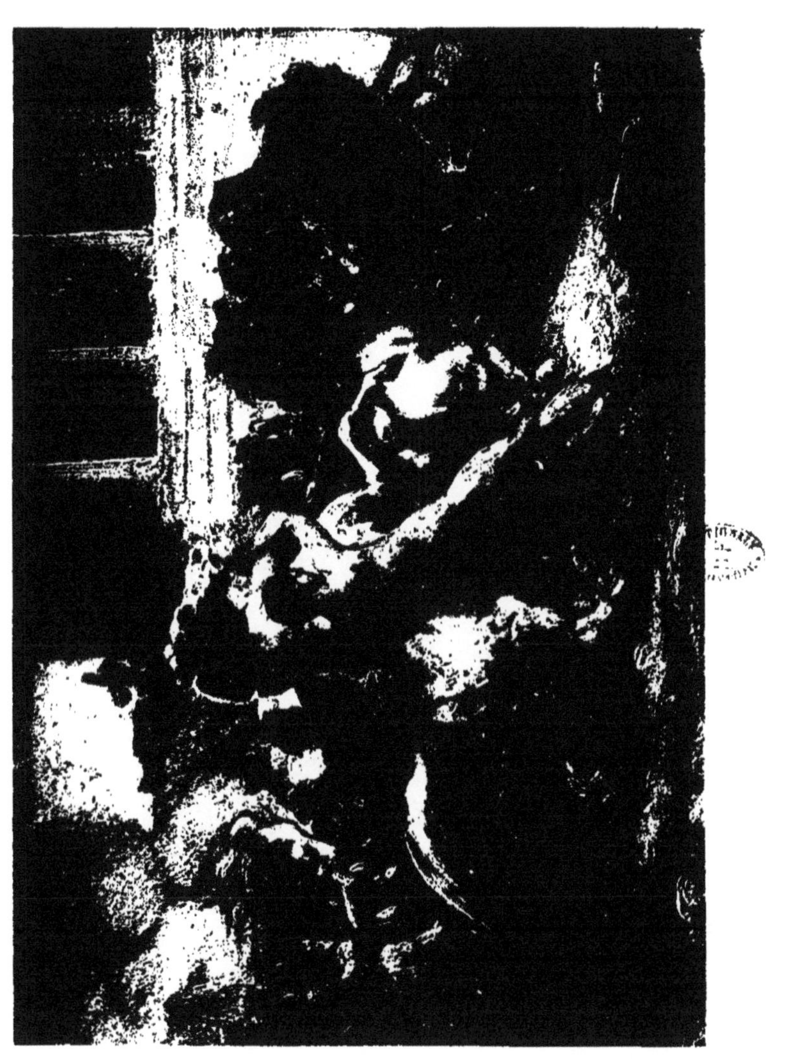

PL. 10. LA COURSE DE CHEVAUX LIBRES.
THE FREE HORSES RACE.
RENNEN UNBERITTENER PFERDE.
LA CORSA DEI CAVALLI LIBERI.
LA CARRERA DE CABALLOS LIBRES.

PL. II. LA COURSE DE CHEVAUX LIBRES.
THE FREE HORSES RACE.
RENNEN UNBERITTENER PFERDE.
LA CORSA DEI CAVALLI LIBERI.
LA CARRERA DE CABALLOS LIBRES.

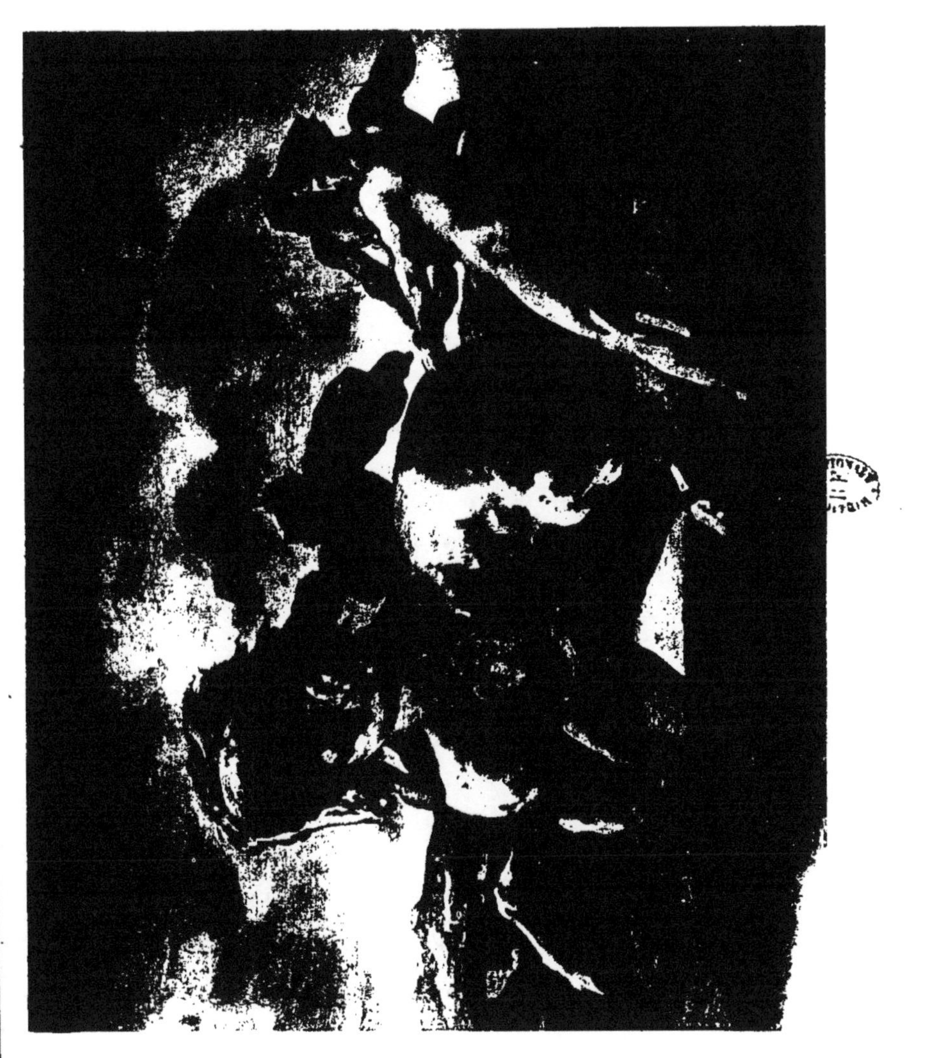

PL. 12. HOMME TERRASSANT UN TAUREAU (DESSIN A LA PLUME).
A MAN AVERCOMING A BULL (PEN SKETCH).
MANN EINEN STIER NIEDERTRETEND (FEDERZEICHNUNG).
UOMO ATTERANTE UNO TORO (DESIGNO ALLA PENNA).
HOMBRE DERRIBANDO UN TORO (DIBUJO A LA PLUMA).

PL. 13. LEDA (SÉPIA).
LEDA (SEPIA DRAWING).
LEDA (SEPIA).
LEDA (SEPIA).
LEDA (SEPIA).

PL. 14. CHASSE AU CERF (SÉPIA).
STAG-HUNTING (SEPIA DRAWING).
HIRSCHJAGD (SEPIA).
CACCIA ALLO CERVO.
LA CAZA DE CIERVOS (SEPIA).

PL. 15. ENLÈVEMENT DE DÉJANIRE (DESSIN A LA PLUME).
THE RAPE OF DÉJANIRA (PEN SKETCH).
DEJANIRES ENTFUHRUNG (FEDERZEICHNUNG).
RAPIMENTO DI DEJANIRA (DESIGNO ALLA PENNA).
RAPTO DE DEYANIRA (DIBUJO A LA PLUMA).

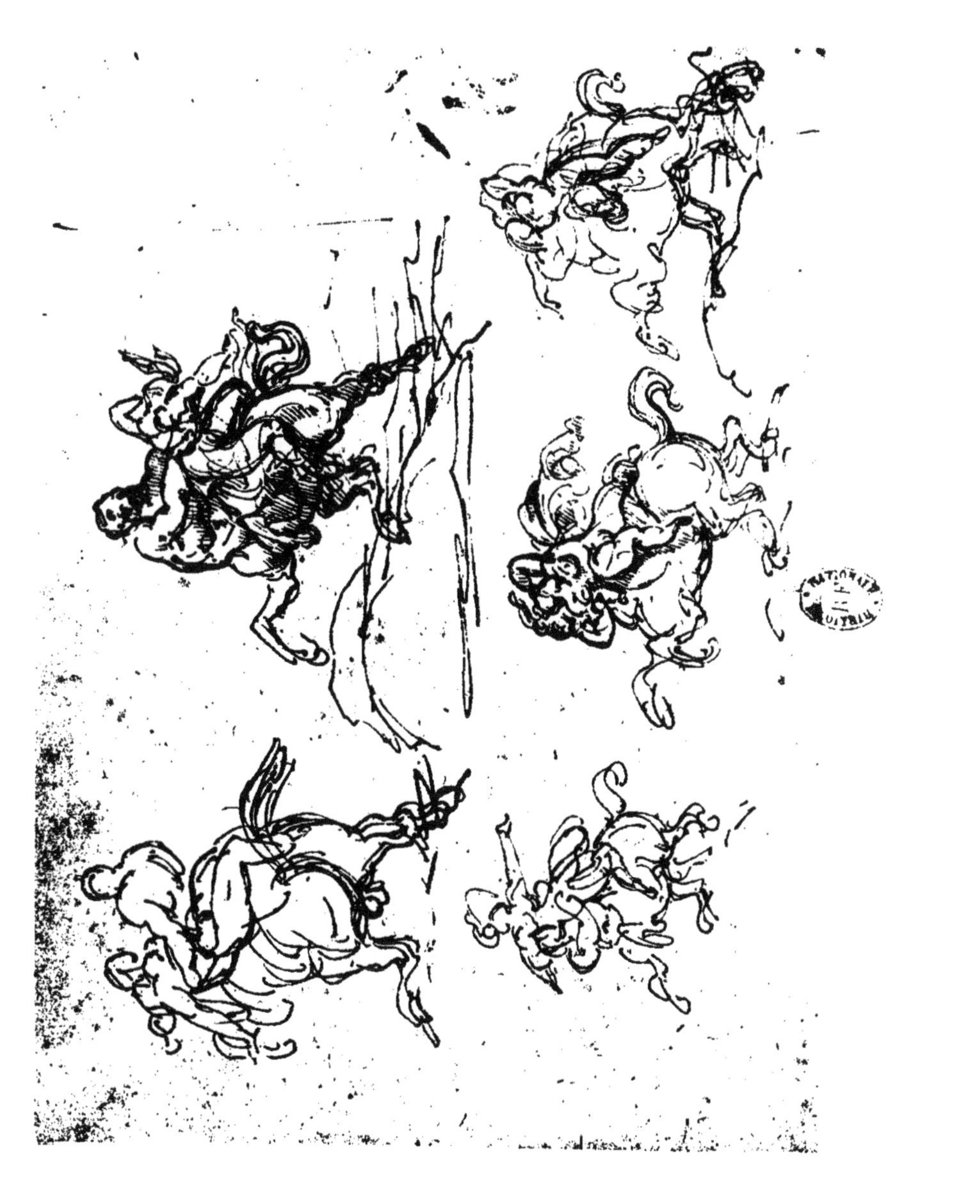

PL. 16. FANTAISIE (DESSIN A LA PLUME).
A FANCY (PEN DRAWING).
FANTASIE (FEDERZEICHNUNG).
FANTASIA (DESIGNO ALLA PENNA).
FANTASIA (DIBUJO A LA PLUMA).

IL. 17. LE RADEAU DE LA MÉDUSE (PROJET ABANDONNÉ).
THE RAFT OF LA MÉDUSE (GIVEN UP SCHEME).
DAS FLOSS DER MEDUSE (AUFGEGEBENES PROJEKT).
LA ZATTERA DELLA MEDUSA (ABBOZZO RINUNCIATE).
LA ARMADIA DE LA MEDUSA (PROYECTO ABANDONADO).

PL. 18. LE RADEAU DE LA MÉDUSE (PREMIÈRE IDÉE, DESSIN A LA PLUME).
THE RAFT OF LA MÉDUSE (FIRST CONCEPTION OF IT PEN DRAWING).
DAS FLOSS DER MEDUSE (ERSTE IDEE, FEDERZEICHNUNG).
LA ZATTERA DELLA MEDUSA (PRIMEA IDEA, DISEGNO ALLA PENNA).
LA ARMADIA DE LA MEDUSA (PRIMERA IDEA, DIBUJO A LA PLUMA).

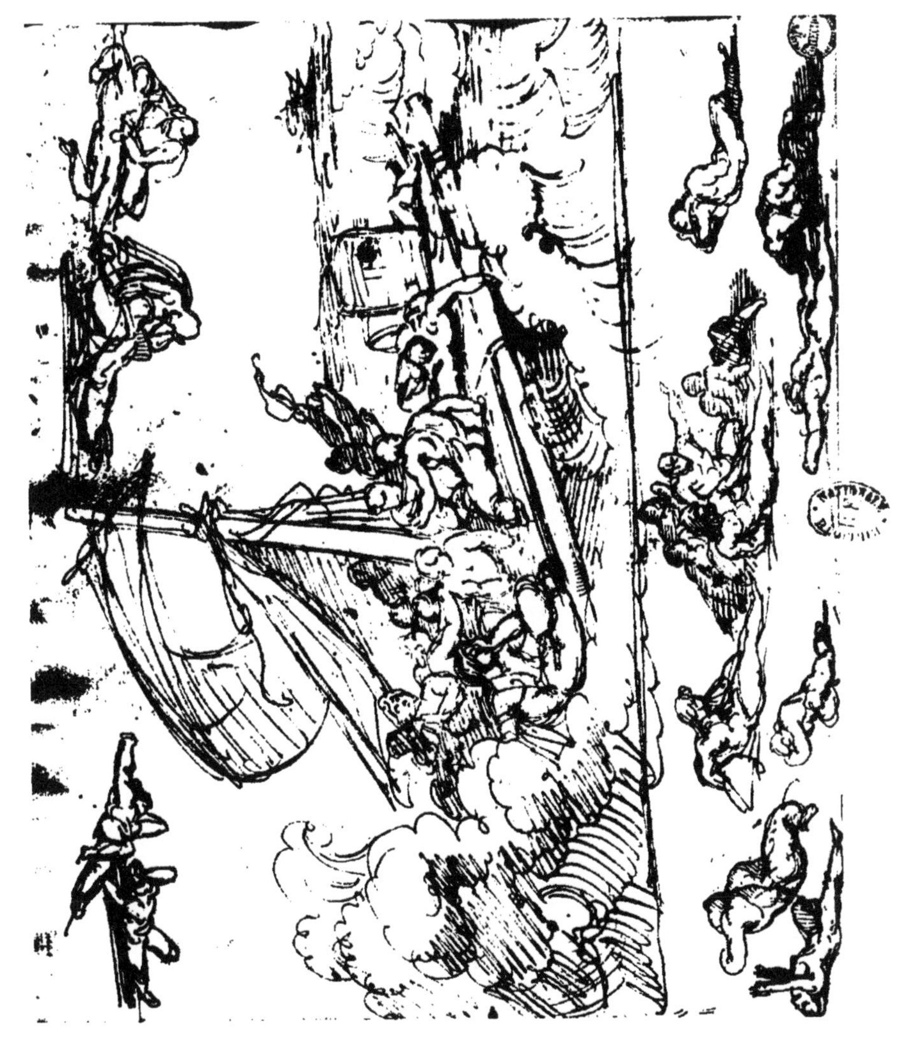

PL. 10. LE RADEAU DE LA MÉDUSE (ESQUISSE).
THE RAFT OF LA MÉDUSE (SKETCH).
DAS FLOSS DER MEDUSE (SKIZZE).
LA ZATTERA DELLA MEDUSA (ABBOZZO).
LA ARMADIA DE LA MEDUSA (BOSQUEJO).

PL. 20. LE RADEAU DE LA MÉDUSE.
THE RAFT OF LA MÉDUSE.
DAS FLOSS DER MEDUSE.
LA ZATTERA DELLA MEDUSA.
LA ARMADIA DE LA MEDUSA.

PL. 21. ARTILLERIE A CHEVAL CHANGEANT DE POSITION
MOUNTED ARTILLERY CHANGING POSITION
REITENDE ARTILLERIE BEIM POSITIONSWECHSEL
ARTIGLIERIA A CAVALLO MUTANTE POSIZIONE
ARTILLERIA MONTADA CAMBIANDO DE POSICION

PL. 22. CHEVAUX GRIS-POMMELÉ SE BATTANT DANS UNE ÉCURIE
DAPPLE-GREY HORSES FIGHTING IN A STABLE
STREITENDE PFERDE IM STALL
CAVALLI COMBATTENTI IN UNA STALLA
CABALLOS TORDOS PEGANDOSE DENTRO DE UNA CABALLERIZA

PL. 23. LE DERBY D'EPSOM.
EPSOM DERBY.
EPSOMS DERBY.
IL DERBY D'EPSOM.
EL DERBY DE EPSOM.

PL. 24. COURSE DE CHEVAUX MONTÉS.
HORSE-RACE WITH RIDERS.
RENNEN BERITTENER PFERDE.
CORSA DI CAVALLI MONTATI.
CARRERA DE CABALLOS MONTADOS.

PL. 25. "THE FLEMISH FARRIER" (LITHOGRAPHIE).
THE FLEMISH FARRIER (LITHOGRAPH).
DER FLAMISCHE HUFSCHMIED (LITHOGRAPHIE)
IL MANISCALCO FIAMMINGO (LITOGRAFIA).
EL MARISCAL FERRAND FLAMAND (LITOGRAFIA).

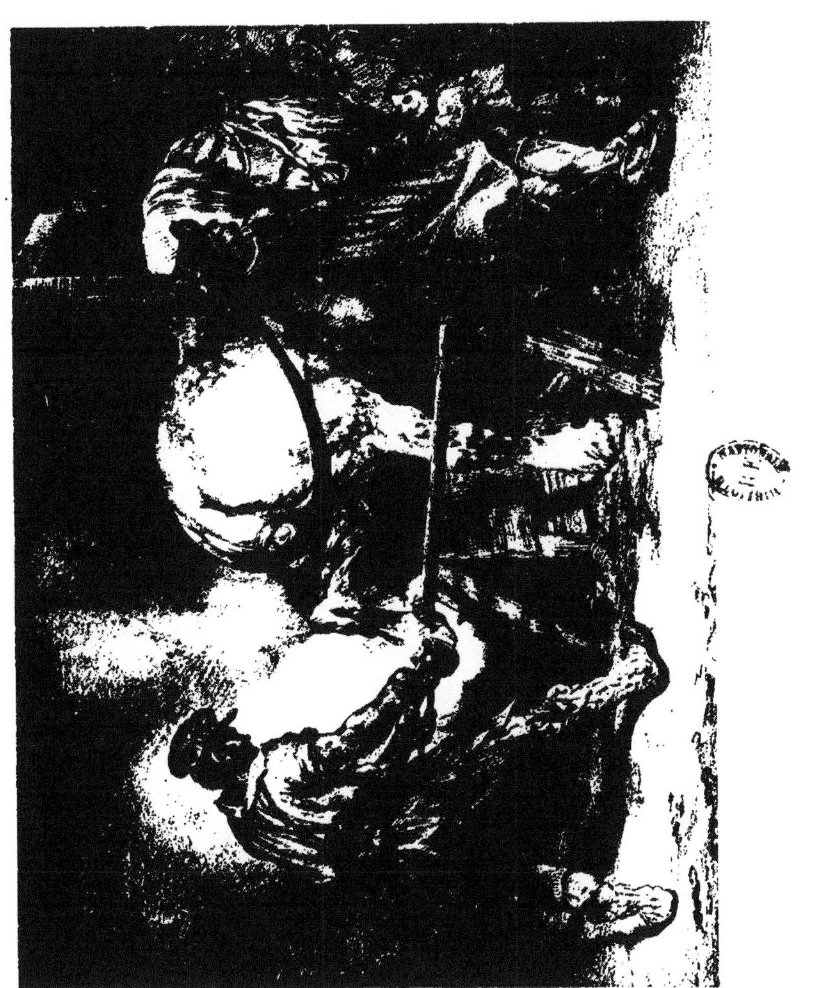

PL. 26. LE FOUR A PLATRE.
THE KILN.
GIPSOFEN.
LA FORNACE PER GESSO.
EL HORNO DE YESO.

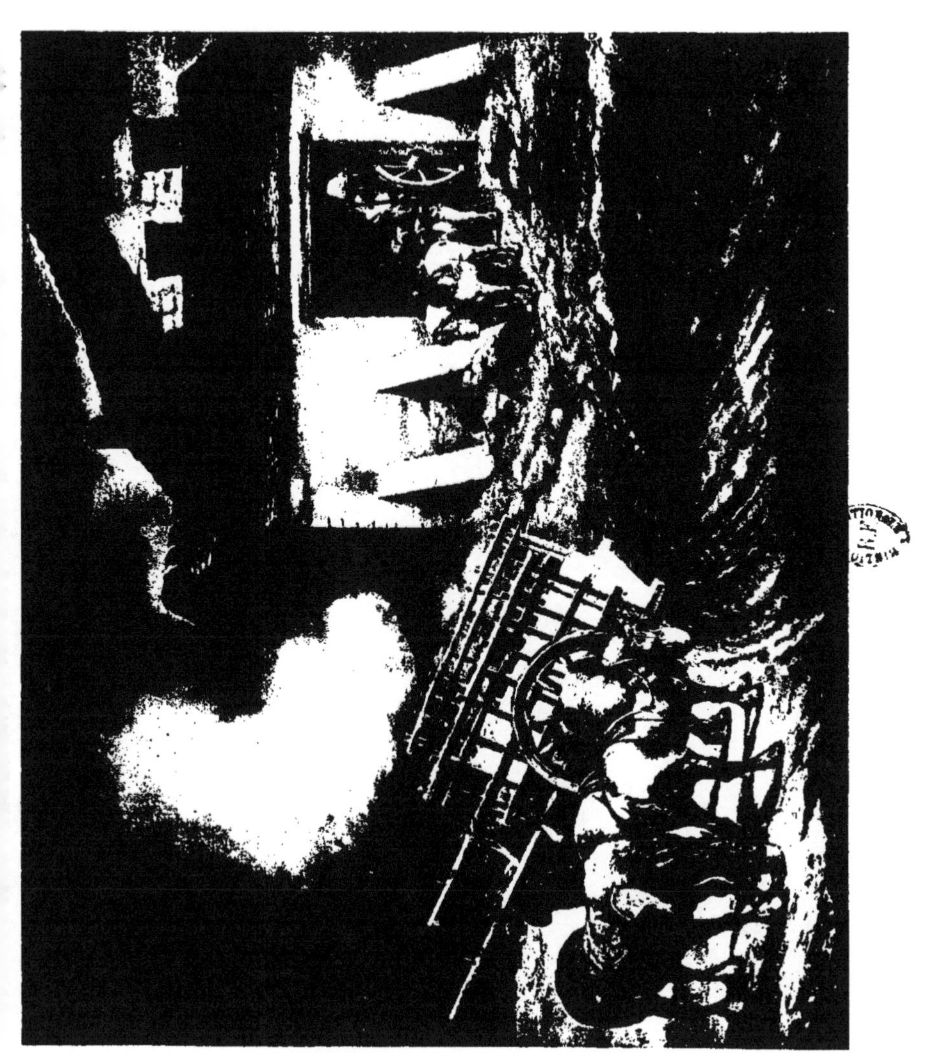

PL. 27. FOU.
A HE-LUNATIC.
VERRUCKT.
IL PAZZO.
LOCO.

PL. 28. FOLLE.

A SHE-LUNATIC.

WAHNSINN.

PAZZIA.

LOCURA.

PL. 29. TÊTE DE NÈGRE.
NEGRO HEAD.
NEGERKOPF.
TESTA DI NEGRO.
CABEZA DE NEGRO.

PL. 30. TÊTE DE NÈGRE.
NEGRO HEAD.
NEGERKOPF.
TESTA DI NEGRO.
CABEZA DE NEGRO.

PL. 31. HOMME EN COSTUME ARMÉNIEN (DESSIN AQUARELLÉ).
A MAN IN ARMENIAN GARB (WATER-COLOURED DRAWING)
MANN IN ARMENISCHER KLEIDUNG.
UOMO COLL'ABITO ARMENO (DISEGNO ALL'ACQUARELLA).
HOMBRE EN TRAJE DE ARMENIO (DIBUJO ACUARELADO).

PL. 32. HANGAR DU MARÉCHAL FERRANT
THE FARRIER'S SHED (LITHOGRAPH).
SCHUPPE DES HUFSCHMIEDES
TETTOIA DEL MANISCALCO
COBERTIZO DEL MARISCAL FERRAND

PL. 33. CHEVAUX A LA PROMENADE (AQUARELLE).
WALKED HORSES (WATER-COLOUR).
PFERDE BEIM SPAZIERRITT (AQUARELLE).
CAVALLI ALLA PASSEGGIATA (ACQUARELLA).
CABALLOS EN EL PASEO (ACUARELA).

PL. 34. CHEVAL DE COURSE (AQUARELLE).
RACE HORSE (WATER-COLOUR).
RENNPFERD (AQUARELLE).
CAVALLO DI CORSA (ACQUARELLA).
CABALLO DE CARRERAS (ACUARELA).

PL. 35. TRIOMPHE DE GALATHÉE (DESSIN).
THE TRIUMPH OF GALATHEA (DRAWING).
TRIUMPH DER GALATHEE (ZEICHNUNG).
TRIONFO DI GALATEA (DISEGNO).
TRIUNFO DE GALATEA (DIBUJO).

PL. 36. CERF ASSAILLI PAR DES CHIENS (DESSIN).
A STAG ATTACKED BY HOUNDS (DRAWING).
HIRSCH VON HUNDEN UBERFALLEN (ZEICHNUNG)
CERVO ASSALITO PER CANI (DESIGNO).
CIERVO ASALTADO POR LOS PERROS (DIBUJO).

PL. 37. ACADÉMIES (DESSINS).
STUDIES OF THE NUDE FIGURE (DRAWING).
ACADEMIES (ZEICHNUNG).
ACADEMIE (DISEGNO).
ACADEMIAS (DIBUJO).

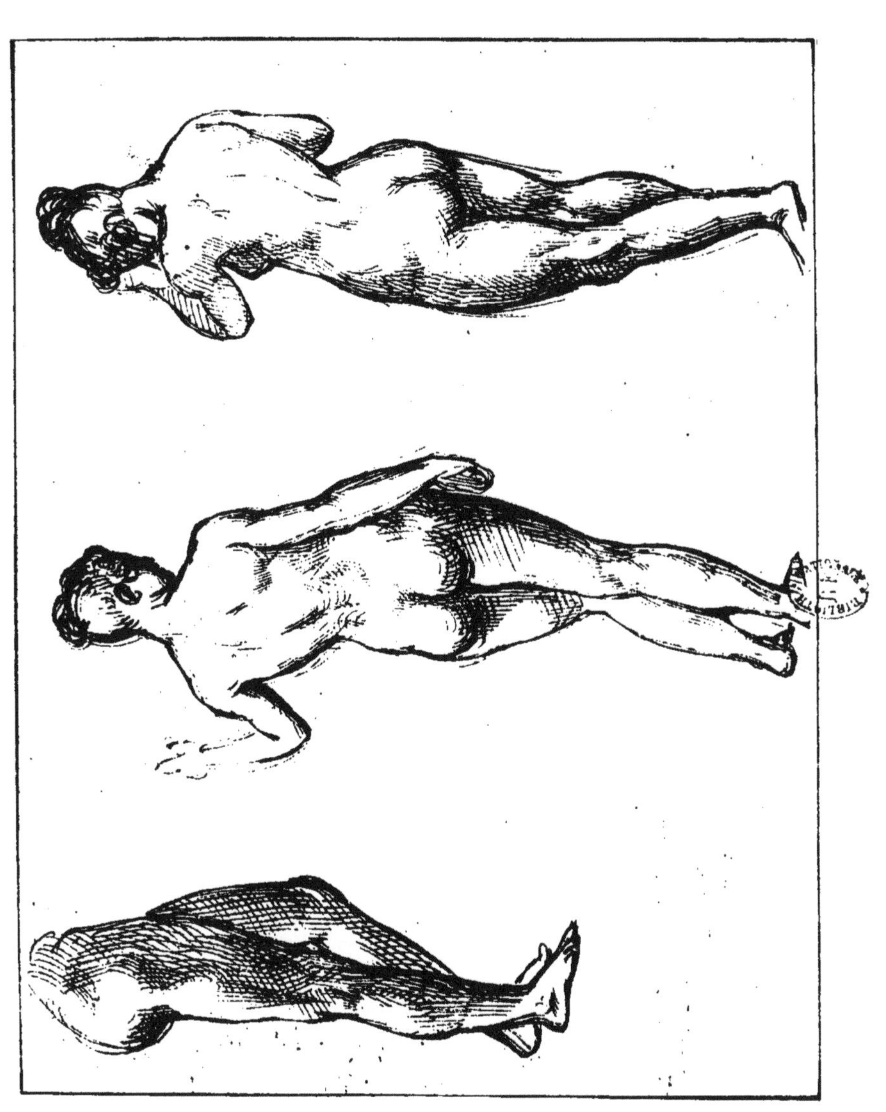

PL. 38. ETUDE D'ÉCORCHÉ VU DE DOS (DESSIN).
A STUDY OF THE BACK OF A MAN WITH THE SKIN OFF (DRAWING)
ANATOMISCHE STUDIE DES RUCKENS (ZEICHNUNG).
STUDIO DI SCUDIATO VISTO DAL DORSO (DISEGNO).
ESTUDIO DE UN CUERPO SIN PIEL VISTO POR LA ESPALDA (DIBUJO)

PL. 39. JUPITER ET ANTIOPE (DESSIN).
JUPITER AND ANTIOP (DRAWING).
JUPITER UND ANTIOPE (ZEICHNUNG).
GIOVE ED ANTIOPE (DISEGNO).
JUPITER Y ANTIOPA (DIBUJO).

PL. 40. JUPITER ET ANTIOPE.
JUPITER AND ANTIOP.
JUPITER UND ANTIOPE.
GIOVE ED ANTIOPE.
JUPITER Y ANTIOPA.

www.ingramcontent.com/pod-product-compliance
Ingram Content Group UK Ltd.
Pitfield, Milton Keynes, MK11 3LW, UK
UKHW021155260726
13994UKWH00001B/486